Johannes Allgäuer

Das spirituelle *S U R V I V A L* Buch

für den Alltag

Impressum:

Herstellung und Verlag: Books on Demand GmbH, Norderstedt

ISBN NR. 978-3-7481-3337-7

Vorwort

Dieses Buch entstand auf wundersame Weise...

Schon seit längerer Zeit sammelte ich Material für dieses Buch, mehr unbewusst als absichtlich, probierte einige Dinge aus und schrieb mir fleißig die Tipps, Hinweise und Botschaften der geistigen Welt, als auch unserer Naturwesen-Freunde, auf.

Daher ist dieses Buch alles andere als „normal"...

In meinem großen Freundes- und Bekanntenkreis wurde ich immer wieder gefragt, ob ich denn nicht ein Buch machen könnte, das präzise, kurz und knapp ein Ratgeber für die kommende Zeit sei...

Ich habe jetzt meine Erfahrungen und Experimente in diesem Buch gebündelt.

Habt keine Angst und seid voll im Vertrauen zu unserem Schöpfer – GOTTVATER.

Alles ist gut!

Herzlichst, Euer Johannes

Inhaltsverzeichnis

Die richtige Denkweise….. 4 / Wasser ….. 6 / Vorräte
anlegen…..9 / Kochen und Backen ohne Strom …..14 /
Löwenzahn Brennnessel Elixier selber herstellen …..17 / Wie
6man mit dem Rauchen aufhören kann, wenn man einen
starken Willen hat ….. 18 / Mobil bleiben …..22 / Weltweiter
Stromausfall (Teil 1) …..24 / Weltweiter Stromausfall (Teil 2)
…..303 / Weltweiter Stromausfall (Teil 3) ….. 33 / Kastanien
Flüssigseife selber herstellen ….. 36 / Wetter ….. 38 /
Ernährung und mehr ….. 47 / Entstören von Handys und
anderen Dingen ….. 50 / Sabines Vision und mehr …..55 /
(Lebens)notwendige Dinge bevorraten ….. 59 / Der weiße
Baryt – ein ungewöhnlicher Heilstein ….. 64 / Die wichtigsten
Pflanzen, die bei uns heimisch sind und uns gut tun ….. 65 /
Schungit – der wunderbare Heilstein ….. 68 / Das
energetische Band ….. 71 / Kontakte zur Natur und den
Naturwesen …..74 / Räucherungen zur Heilung und
Reinigung von Körper, Geist, Seele und Heim …..89 / Hilfe
mit/durch den Orgonstrahler …..94

Die richtige Denkweise

Ihr Lieben!

Ich möchte euch jetzt erst einmal vermitteln, warum dieses Buch mit diesem Thema anfangen muss!

Ja, ihr hört richtig!

Die richtige Denkweise ist sehr oft entscheidend, wohin ein Mensch sich entwickelt!

Denk Positiv! Hast du das schon einmal gehört?

Bestimmt!

In dem wir aus allem, was um uns herum passiert, die positiven Dinge gewinnen, verhelfen wir unserem Leben oftmals in ungeahnte Richtungen.

Alles hat einen Sinn im Leben und auch jeder Schicksalsschlag. Da es ja keinen Zufall gibt, denn es bedeutet, dass es auf einen zufällt, also beabsichtigt ist, kommt auch alles auf jeden Menschen in der Weise zu, wie dieser Mensch es vor dieser Inkarnation mit unserem Schöpfer vereinbart hat.

Festgelegte Dinge, die schon vor der Geburt für jeden Einzelnen feststehen, kann man nicht ändern, aber das WIE und WANN vielleicht schon.

Da alles ein Resonanzgesetz ist, unterliegt auch unsere Denkweise diesem natürlich.

Denke ich positiv und handle dementsprechend, so kommt dieses verstärkt zu mir zurück, im negativen Fall natürlich ebenso.

Unsere Worte sind dabei sehr wichtig und sollten wohlwissend gewählt werden.

Wer jetzt dieses Buch liest und die Ratschläge und Tipps befolgen möchte, wird dabei merken, dass sie nur ordentlich funktionieren, wenn man dabei positiv denkt und weiß, dass all das geschehen kann oder darf, was Gottvater erlaubt und zulässt, denn es heißt:

„Vater, dein Wille geschieht JETZT!"

Wasser

Das Wichtigste, was wir zum Survival, also zum Überleben benötigen, ist nach dem absoluten Vertrauen in unseren Schöpfer, das Element Wasser.

Noch kommt es aus dem Wasserhahn und wir können es in Hülle und Fülle verbrauchen. Aber wie sieht es in Krisenzeiten aus?

Dem Thema Stromausfall widme ich ein eigenes Kapitel, genauso wie einem Börsencrash oder der vielleicht bevorstehenden Währungsreform.

Zurück zum Wasser: Sicherlich ist es möglich einen oder zwei Tage ohne Wasser auszukommen, spätestens am dritten Tag wird es aber schon gefährlich. Der Körper braucht Wasser! Auf Nahrung kann er leicht einige Wochen verzichten, aber nicht auf Wasser!

Deshalb möchte ich hier meine Experimente gerne weitergeben, wie ich auf günstige und einfache Weise Wasser gefiltert habe, um quasi aus Bach-, Fluss- oder sogar Pfützenwasser Trinkwasser herzustellen, denn darum geht es ja letztendlich.

Bei meinen Überlegungen habe ich dann auch miteingeschlossen, dass es sinnvoll ist, auch Wasser filtern zu können, wenn nicht viele Dinge vorhanden sind. Wer dieses

Buch aber gelesen hat, wird sich bestimmt mit dem Einen oder Anderen bevorraten.

Eine 1,5 Liter PET Flasche aus den Supermärkten eignet sich wunderbar als Wasserfilter, denn die bekommt man fast überall.

Zuerst schneidet ihr den Boden der Flasche ab, denn ihr befüllt die Flasche von dort aus. Ideal zur Wasserreinigung ist Quarzsand (gibt's im Baumarkt) oder ihr nehmt reinen Sand, Kies etc...

Aktivkohle ist auch jetzt noch gut im Aquariumzubehör zu kaufen. Sonst könnt ihr auch Holzkohle nehmen (nachdem ihr vielleicht ein Lagerfeuer gemacht habt).

Als sehr wichtige Zutat empfehle ich euch Zeolith, auch als Clinoptilolit Zeolith bekannt. Gibt es auch im Aquarium-Laden für kleines Geld... Dieses Mineral filtert fast alle Giftstoffe aus dem Wasser. Ideal wäre jetzt noch der Schungit. Dieser Stein soll den Überlieferungen nach nicht von der Erde stammen und aus dem All gekommen sein. Den Stein kann man leicht über das Internet besorgen. Ich empfehle kleine Stücke, etwa 1 cm groß. Die eignen sich wunderbar zur Wasserreinigung.

Gut! Fangen wir an: Als Sieb sollte unten in die Flasche, dort wo die ursprüngliche Öffnung war, ein Vlies oder Watte oder etwas hinein, damit das Wasser langsam herausläuft. Ich habe mir eine Glas Vase besorgt, auf die ich die PET Flasche mit dem Ausgießer nach unten reinstellen konnte. Dann kam das Vlies (auch Aquariumzubehör) hinein, dann Quarzsand, dann Aktivkohle, dann Schungit und dann Zeolith. Die Reihenfolge funktioniert auch unterschiedlich. Wichtig ist, dass alles gut gepresst wird, damit das Wasser auch gereinigt wird, während es durch die Flasche fließt.

Wir haben jetzt nicht nur gefiltertes Wasser, sondern auch hochschwingendes, da die eben genannten Materialien das Wasser auch noch energetisch aufwerten! Segnet es jetzt noch mit folgenden Worten, wenn ihr möchtet: „Ich segne dieses Wasser im Namen von GOTTVATER. Amen."

Danach ist dieses Wasser auch noch besonders segensreich aufgeladen und eine Wohltat für alle, die es trinken, egal ob Mensch, Tier oder Natur.

Ich habe auch Experimente „nur" mit Quarzsand oder „nur" mit Zeolith oder Aktivkohle gemacht. Das Wasser wurde auch gefiltert; aber die Kombination aus allem, war die stärkste Energie.

Reines Schungit im Wasser löst ebenfalls alle belastenden Energien. Hier muss man aber den Schungitstein in einen Behälter mit Wasser geben und diesen 2-3 Tage stehen lassen...

Ach ja: Ich habe in meine Regentonnen im Garten schon mal vorsorglich Schungit und Zeolith mit hineingegeben. Da bekommen unsere Pflanzen auch gleich diese wunderbare Energie ab und mit der Algenbildung im Wasser ist es seitdem auch vorbei... (außerdem werden Chemtrails im Wasser aufgelöst)

Ich möchte euch noch erklären, wie man Wasser haltbar macht, da vielleicht einige von euch es in PET Flaschen lagern oder in großen Kunststoffbehältern etc...

Gebt einfach ein paar Schungitsteine und Zeolith Minerale in JEDE Flasche hinein. So könnt ihr euer Wasser konservieren! Stellt es kühl und möglichst fernab der Sonne! Denkt daran: Jeder Mensch sollte, wenn es geht, 2 Liter täglich trinken!!!

Informiert euch auch, ob in eurer Nähe eine Quelle ist, an der ihr kostenlos Wasser holen könnt. Bei uns in der Nähe ist so eine wunderbare Quelle. Wenn viel los ist und ein reger Andrang, kann man auch nachts Wasser holen. Ein Bollerwagen oder Fahrrad mit Anhänger bietet sich z.B. an, eine größere Mange Wasser zu befördern...

Seid einfach erfinderisch!

Vorräte anlegen

Dieses Thema löste die größte Diskussion aus!

Welche Vorräte sollten es denn sein? Und wie lagert man sie richtig?

Ich möchte jetzt aus dem Nähkästchen plaudern, weil Flora und ich schon seit über 10 Jahren immer wieder Vorräte angelegt und diese aber auch verbraucht und durch neue ersetzt haben.

Wir sind zu der Überzeugung gelangt, dass Körner und Samen, die man keimen lassen kann, sehr wichtig sind.

Unser Hauptaugenmerk liegt und lag dabei auf dem Dinkel, Hafer, Bockshornklee, Weizen, Gerste, Kresse, Alfalfa, Rettich, Radieschen, Mungbohnen, Sojabohnen, Kichererbsen, um nur die Wichtigsten zu nennen.

Hierfür haben wir uns Keimgläser gekauft. Diese werden schräg aufgestellt und etwa zweimal am Tag gespült. Die genaue Anleitung steht auf den Saatpackungen.

Es geht aber auch ganz einfach, indem ihr einen Teller oder eine Plastikdose nehmt und dann mit Küchenpapier belegt. Dieses Küchenpapier muss immer feucht gehalten werden (Ich benutze dafür einen Zerstäuber). Nach dem ersten Befeuchten, wird der Samen darauf gestreut und eventuell abgedeckt (kommt auf den Samen an). Diese Sprossen kann man dann, nachdem sie aufgegangen sind, gut essen (z.B. in den Salat geben, da sie eine hochwertige Nahrungsergänzung sind). In den Samenzellen sind nämlich alle lebensnotwendigen Nähr- und Aufbaustoffe einer Pflanze gespeichert.

Ich habe auch schon auf folgende Art Samen gezogen:

In einen Tontopf für Blumen habe ich Erde gegeben und diesen von unten mit Wasser sich vollsaugen lassen und dann die Saat oben in die Erde gegeben. Es kamen wundervolle Sprossen nach 2 Tagen schon hervor.

Das Thema ist sehr umfangreich. Tüftelt einfach selber herum.

Nach den Sprossen würde ich euch als weiteres Vorratslebensmittel Konserven empfehlen. Sie sollten trocken gelagert werden, damit dort kein Flugrost ansetzen kann.

Dosenbrot kann ich übrigens empfehlen. Dazu möchte ich eine kleine Anekdote erzählen, die unseren kleinen Wichtel Hutzlibub immer wieder zum Schmunzeln bringt.

Flora hatte in den 90er Jahren Dosenbrot gekauft und eingelagert.

Nun: Vor etwa einem Jahr hatte ich beim Aufräumen noch so eine alte Dose gefunden und sie zu den anderen Vorräten gestellt. Manchmal bin ich wie ein zerstreuter Professor und wenn ich gerade am tüfteln bin, krieg ich um mich herum nicht viel mit. So stellte ich diese Dose aus den 90er Jahren zu den anderen Brotdosen. Eines Tages öffnete ich sie, da ich Appetit auf Brot hatte und wir nichts Frisches eingekauft hatten.

Ich aß es genüsslich und plötzlich lachte Hutzlibub laut auf. Ich fragte ihn, warum er denn so lachen würde, doch er verwies mich auf das Ablaufdatum.

Zuerst erschrak ich etwas, doch dann musste ich schmunzeln…

Die gute Flora hatte noch ein altes „Döschen" aus dem alten Jahrtausend…

Abgelaufen war es zwar schon lange, aber es schmeckte noch ganz ordentlich. Vielleicht lag es daran, dass es Pumpernickel war...

Zurück zu den Konserven: Wir haben nur vegane und vegetarische Konserven eingelagert. Diese haben bis eine gute Haltbarkeit.

Übrigens eignen sich Konserven in schlechten Zeiten auch gut zum Tauschen.

Nudeln und Reis halten sich auch recht lange.

Kartoffeln nicht, aber diese bekommen ein eigenes Kapitel.

Nüsse sind nahrhaft, ebenso Trockenobst und ganz wichtig: Algen!

Wir nehmen regelmäßig Spirulina zu uns. Aber auch die Chlorella-Alge, die dem Körper entgiften und ausleiten hilft oder die Afa-Alge sind hochwertige Energiespender.

Wusstet ihr, dass ihr nur von Wasser und Spirulina überleben könnt?

Verschiedene hochwertige Öle haben wir auch kühl gelagert, ebenso wie Sojabohnen.

Kohlsorten kann man ebenfalls eine Zeitlang einlagern.

Kaffee zum Trinken empfehlen wir nicht, da man für jede Tasse Kaffee als Ausgleich die dreifache Menge an Wasser trinken sollte, um es zu neutralisieren. Kaffee ist aber genauso wie Wein oder Spirituosen ein willkommenes Tauschmittel in Krisenzeiten.

Nahrungsergänzungsmittel haben auch viele spirituelle Menschen zum Einnehmen gebunkert. Wir empfehlen da D3 mit K2 als Vitamine, Mumijo, B12, Astaxanthin, L-Arginin, MSM Schwefel, Natron, Vitamin C, L-Carnitin.

Lagert bitte Tiefkühlware nicht zuviel in der Kühltruhe, es kann jederzeit unverhofft ein Stromausfall kommen. Dazu später mehr.

Wir haben jede Menge Teesorten bevorratet, da diese natürlich auch für Essenzen oder Tinkturen verwendet werden können. Dazu später mehr.

Ich habe auch immer etwas Diesel und Benzin im Ersatzkanister vorrätig.

Den Diesel benötige ich fürs Auto und das Benzin für das Notstromaggregat.

Diese sind oft recht günstig in Baumärkten zu erwerben. So haben wir es auch gemacht.

Weitere Vorräte, die unserer Meinung nach, sinnvoll sind:

Genügend Toilettenpapier und Küchenrollen, Papiertaschentücher, Pflaster, Streichhölzer, Batterien, Taschenlampe, die autark funktioniert (zum Kurbeln oder schütteln), Kerzen, Kohleanzünder zum Feuer machen, alles, was man bevorraten kann und was ihr regelmäßig benutzt. Kauft nichts, was ihr nicht mögt.

Ein Holzvorrat ist auch sehr wichtig, wenn ihr die Möglichkeit habt, damit zu heizen oder zu kochen.

Kochen und backen ohne Strom

Dieses ist auf vielfältige Weise möglich!

Eine Freundin von uns hat sich erst vor kurzem eine sogenannte „Gulaschkanone" gekauft. Diese kann mit allem beheizt werden, was an brennbaren Materialen vorhanden ist wie: Zeitungen, Holz, Brikettes, Tannennadeln, Tannentapfen etc. Ich finde dieses gute Stück sehr praktisch, da sie leicht ist und so auf schnelle Art und Weise eine leckere Suppe hergestellt werden kann. Denn in Krisenzeiten ist es wichtig, etwas Warmes im Magen zu haben.

Wir haben schon lange einen Campingkocher der mit Gaskartuschen betrieben wird. Schon als Jugendlicher habe ich die Vorzüge solcher Campingkocher bei Abenteuerurlauben zu schätzen gewusst!

Wenn die Möglichkeit eines Lagerfeuers besteht, so kann dort auch alles Mögliche gekocht oder gebraten werden.

Vor einigen Jahren habe ich mit einem Ofenbauer zusammen einen wundervollen Grundofen gebaut und natürlich haben wir ein Brotbackfach integriert. Wenn ich jetzt den Ofen einheize, kann ich ohne großen Aufwand ein Brot im Brotbackofen mit backen. Oder zwei oder drei…

Denkt daran, falls ihr einen strombetriebenen Brotbackautomaten habt: In Krisenzeiten fehlt oft über längere Zeit der Strom.

Aber Brot kann man auch nur mit der Kraft der Sonne backen. Ich müsste besser trocknen sagen. Das funktioniert wie folgt:

Ihr lasst das Korn etwas ankeimen, 1-2 Tage in Wasser einweichen, abends Wasser wechseln, bis der Keim kommt, alles schroten und dann gebt ihr nur Wasser hinzu, zum Teig kneten und dann lasst es in der Sonne (oder auf dem Kachelofen / Kaminofen) trocknen.

Es gibt noch einen lustigen Tipp:

Wer ein schwarzes Auto von euch hat, weiß, wie heiß das Dach oder die Motorhaube werden kann.

Darauf kann man im Sommer Spiegeleier braten etc…

Es gibt auch Solarkocher, mit denen ich bisher etwas Erfahrung gemacht habe. Ein großer Solarkocher wurde ausprobiert, aber er muss optimal auf den Brennpunkt der Sonne ausgerichtet sein, dann wird es so heiß, dass man Wasser und auch Speisen recht schnell erhitzen kann und auch zum Kochen bringt. Der Brennpunkt der Sonne muss aber immer genau fixiert werden, da die Sonne ja wandert…

Löwenzahn-Brennnessel Elixier selber herstellen

Flora und ich trinken ja keinen Alkohol und mussten für das folgende Rezept, dass wir schon jahrelang für unsere Freunde und Bekannten herstellten, nicht lange nach „Verkostern" suchen.

Es ist innerhalb einer Woche trinkbar und wenn man es länger lagert, schmeckt es weinähnlich.

Dieses Elixier eignet sich in Flaschen abgefüllt auch wunderbar zum Tauschen.

Hier ist unser Rezept:

Ihr benötigt etwa 150 Gramm Löwenzahnblätter und Köpfe, aber bitte keine Stiele. Die hebt ihr aber auf, denn die werden anderweitig verwendet im Laufe des Buches…

Von den Brennnesselblättern sucht ihr euch möglichst junge Triebe. 100 Gramm genügen da. Wenn ihr mit den Brennnesseln sprecht, stechen sie euch auch nicht, nur wenn ihr sie einfach so abrupft.

15 Liter gutes Quellwasser benutzen wir fürs Ansetzen (das Wasser wird vorher ein paar Minuten mit Zeolith informiert).

Ferner benötigt ihr eine Ingwerwurzel, etwa 2,5 kg Rohrohrzucker und 2 Tütchen Bierhefe.

Ihr seht, dass die Zutaten sehr günstig sind.

Den Löwenzahn und die Brennnesselblätter holen wir immer aus dem eigenen Garten. Den Ingwer gibt's in Bioqualität fast das ganze Jahr über zu kaufen.

Zuerst lege ich die Löwenzahnköpfe auf ein Tuch, damit Tiere, die sich in den Köpfchen versteckt hatten, noch herauskrabbeln können. Dann schneide ich den Ingwer ganz klein. Danach wasche ich den Löwenzahn und die Brennnesseln.

Die 15 Liter Wasser kommen in einen großen Topf und die Zutaten hinzu. Das Ganze muss bis zum Siedepunkt aufwallen und dann schalte ich den Herd ab und lasse alles noch etwa eine halbe Stunde köcheln.

Den Rohrohrzucker erhitze ich separat und gebe ihn dann dazu und verrühre ihn, bis er sich aufgelöst hat.

In einem großen Gefäß (Fassungsvermögen 50 Liter, es geht auch mit einer Waschschüssel) fülle ich jetzt 15 Liter kaltes Wasser. Die anderen 15 Liter aus dem Kochtopf gebe ich jetzt durch ein Sieb in einen anderen Topf. Eventuell muss ich noch ein zweites Mal sieben, um alle Rückstände herauszufiltern.

Danach gebe ich alles zu den 15 Litern kalten Wassers.

Im lauwarmen Zustand kommt noch die Hefe hinzu, die eingerührt wird.

Jetzt wird alles mit einem Tuch abgedeckt und sollte an einem warmen Ort etwa 24 Stunden ruhen.

Am nächsten Tag ist schon Schaum auf dem Elixier zu sehen,

sodass ein Bekannter mal spaßhaft meinte, es wäre

Löwenzahn "Bier"...

Nach den 24 Stunden ist es fertig.

Wir füllen es in 5 Liter Glasflaschen und setzen oben auf die Öffnung einen Kaffeefilter und fixieren ihn mit einem Gummiband. So kann das Elixier „atmen".

Nach etwa 7 Tagen ist es trinkfertig. Es kann aber auch Jahre gelagert werden und wird weinähnlich mit der Zeit...

Gutes Gelingen!

Wie man mit dem Rauchen aufhören kann, wenn man einen starken Willen hat

Hey! Wunderst du dich, was das mit einem spirituellen Survival Buch zu tun hat?

Dann lies weiter und du erfährst es...

Ich gehe mal in die tiefere Ebene hinein:

Die meisten Raucher, die nicht ohne weiteres aufhören können, haben „Mitraucher", das sind Wesenheiten, die einst gestorben sind, ihre Seele aber nicht in die himmlischen Gefilde ging und die deshalb jetzt auf Erden „herumspuken" und andere Menschen belästigen.

Versetzen wir uns mal in eine solche Seele hinein:

Sie sterben oft, ohne dass sie es merken und irgendwann spüren sie, dass der Suchtfaktor Nikotin nicht mehr befriedigt werden kann, da der Körper ja gestorben ist. Also halten sie Ausschau nach potentiellen Opfern, oft jungen Leuten, die gerade erste Versuche mit dem Rauchen machen. An diese kletten sie sich, da sie ja von dieser „Rauchenergie" leben und meinen, sie zu brauchen. Was passiert mit dem jungen Mann, der seine ersten Raucherfahrungen sammelt? Nun: Das Geistwesen suggeriert ihm, dass Rauchen klasse ist, dass er es braucht, es ihn „cool" macht usw.

Ist dieser junge Mensch jetzt labil, so schafft er es nicht, dieses Rauchwesen abzuschütteln. Es hängt wie ein Buckel auf dem Rücken und ernährt sich von der Nikotinenergie. Will der junge Mensch nicht rauchen, so animiert dieses Wesen ihn, zu rauchen.

Ihr denkt, dass es so etwas nicht gibt?

Und ob!

Oftmals haben starke Kettenraucher mehrere solcher „Quälgeister" an und in sich und schaffen es daher nicht aus eigener Kraft, diese loszuwerden.

Wie man sie loswerden kann, möchtet ihr wissen?

Es gibt mehrere Möglichkeiten:

Die beste Methode ist es, sich darüber im Klaren zu sein, dass man es nicht mehr möchte! Wenn man sich total sicher ist, gekoppelt mit einem starken Willen (und Rückendeckung und Unterstützung von Familie oder Freunden) ist es durchaus möglich! Aber ein langer Weg, da diese Wesenheiten, die mitrauchten, immer wieder versuchen, diese Person in Versuchung zu führen.

Der zweite Weg ist auch ein Willensweg:

Ich kenne ehemalige Raucher, die spontan von heute auf morgen aufgehört haben, weil ihnen signalisiert wurde, dass sie sonst Krebs, Lungentumor, Raucherbein etc. bekommen können und daran auch sterben, wenn sie nicht sofort das Rauchen beenden.

Der Schock vor der Krankheit oder dem Tod ließ sie aufhören und einen so starken Willen bekommen, dass sie es schafften, sich ihrer „Mitraucher" zu entledigen.

Die nächste Methode ist eine Möglichkeit, die jeder machen kann, der aufhören möchte.

Man braucht nur seine Lunge, sein Unterbewusstsein, sein Ego und die „Mitraucher" austricksen und das geht wie folgt:

Es gibt eine Pflanze, die da hilfreich zu Werke geht:

Der Huflattich!

Dessen Blätter solltet ihr sammeln und trocknen.

Jetzt könnt ihr sie zerbröseln und daraus einen Tee zubereiten. Er ist heilsam für eure Atemwege.

Der Clou ist aber: Aus dem Blättern könnt ihr auch in zerbröseltem Format euch eine „Zigarette" als Tabakersatz drehen. Der Huflattich hat lindernde und auch heilende Energien für die Lunge.

Das Ego, das meint rauchen zu müssen, ist befriedigt. Nur die „Mitraucher" lassen euch jetzt in Ruhe! Sie mögen den Geruch des Huflattichs nicht und suchen sich neue Opfer und lassen von euch ab.

Wenn ihr das etwa 4-8 Wochen durchhaltet, fängt eure Lunge an, sich zu regenerieren und euer Verlangen zu rauchen, lässt immer mehr nach, bis ihr davon frei seid. Der einzige Wermutstropfen ist, dass es gewöhnungsbedürftig ist, den Huflattich anstatt der Zigaretten zu rauchen, aber wenn euer Wille stark genug ist, könnt ihr es schaffen!

Die schlechteste und auch gefährlichste Methode nenne ich zuletzt! Lasst bitte die Finger davon, rate ich euch!

Das ist die Hypnose! Wer sich in die Hypnose begibt, ist immer dem Willen des Hypnotiseurs ausgeliefert! Da ihr nicht wisst, was er mit euch vorhat, empfehle ich, diese Methode zu lassen.

Jetzt könnt ihr Geld sparen und habt weniger Stress in der Krise!

Mobil bleiben

Ein Auto hat heutzutage fast jede Familie!

Aber wehe, der Sprit wird zu teuer, es geht kaputt oder der Strom fällt aus – was dann?

Sinnvoll ist es, meiner Meinung nach, ein gutes Fahrrad zu besitzen und auch einen Fahrradanhänger.

Viele von euch haben bestimmt, wie ich auch, noch gelernt, bei einem Platten das Loch selber zu flicken.

Aber viele Leute, die ich mal gefragt habe, sagten, dass sie es nicht könnten. In der Krise kann es aber wichtig sein! Üben kann man mit einem alten Schlauch! Den kriegt man oft geschenkt. Nur so als Tipp am Rande…

Ein Freund von mir, Markus, fährt immer mit seinem Scooter Roller rum. Er ist damit beweglich, es macht Spaß und er hat Bewegung.

Inline Skater sind auch eine Möglichkeit, vorwärts zu kommen.

Wer einen Bauernhof hat oder mit Pferden groß geworden ist, weiß sicherlich zu schätzen, wie gut man mit „1 Pferdestärke" vorwärtskommt.

Gutes Schuhwerk sollte ein „Muss" sein!

Es kann immer mal eine Situation kommen, wo man viel laufen, wandern oder „kraxeln" muss…

Ein gutes Multitaschenmesser, wasserabweisende, wärmende Kleidung, eine Lampe mit Kurbel, Streichhölzer, ein Feuerzeug, ein Feuerstein, ein gutes Seil und andere Dinge sollte man dabeihaben, wenn man in die Berge oder in die Wildnis muss…

Das kann schneller passieren, als einem lieb ist. Lasst mal weltweit den Strom eine Woche ausfallen…

Was meint ihr, was das für ein Chaos gibt?

Das Szenario des Stromausfalls gibt es jetzt gleich im nächsten Kapitel.

Kommen wir zurück zum „unfreiwilligen Survival".

Meine Frau und ich sind Veganer. Unsere beiden Kinder freiwillig Vegetarier. Wir können nur aus unserer fleischlosen Sicht schildern, was die geistige Welt für Tipps gibt:

Hutzlibub möchte ein fiktives Szenario schildern, was so passieren könnte (und hoffentlich niemals einsetzt)

Weltweiter Stromausfall (Teil 1)

Es ist Hochsommer!

Seit zwei Wochen hat es nicht mehr anständig geregnet.

Die Böden sind ausgetrocknet und die Bäche und Flüsse führen nur noch wenig Wasser.

Plötzlich fällt ohne Vorwarnung der Strom aus!

Paul, einer der fiktiven Hauptdarsteller dieser Geschichte, denkt sich noch nichts dabei, geht in seine Garage und fährt mit seinem Geländewagen los, um Paula, seine Frau und Schwiegermutter Berta, vom Friseurtermin abzuholen.

Er erreicht das Geschäft nach 15 Minuten.

Die beiden Frauen erwarten ihn mit mürrischen Blicken bereits vor dem Geschäft.

Paul fragt, was denn sei und erfährt, dass mitten in der Prozedur der Strom ausgefallen sei und auch nicht mehr zurückkam, so dass beide Frauen mit unfertigen, nassen Haaren den Laden unverrichteter Dinge verlassen mussten. Da Hochsommer war, trockneten die Haare glücklicherweise zügig.

Paul entschied sich, noch schnell zu tanken.

Schon von weitem sah er den Stau an seiner Lieblingstankstelle. Er beschloss, weiter zu fahren, doch auch an den nächsten beiden Tankstellen das gleiche Bild. Neugierig fragte er nach und erfuhr, dass aufgrund des Stromausfalls die Zapfsäulen nicht mehr funktionierten. Am anderen Ende der Stadt hatte er Glück! Diese Tankstelle verfügte über ein Notstromaggregat. Paul tankte seinen Diesel voll.

Paula hatte Hunger und wollte einkaufen, doch alle Supermärkte waren zu.

Alle Ampeln waren ebenso aus, sodass Paul sehr vorsichtig fahren musste. Berta erinnerte die beiden an den Tante-Emma-Laden von Klothilde. Dorthin sollten sie fahren. Paul nickte und erreichte nach 30 Minuten das Geschäft. Es herrschte reger Andrang.

Klothilde erzählte Berta, die sie von früher her gut kannte, dass so ein Andrang schon viele, viele Jahre nicht mehr war. Überglücklich kehrten die drei nach Hause zurück.

Mittlerweile waren drei Stunden vergangen. Immer noch kein Strom! Paul war grantig, weil er das Fußballspiel am Abend sehen wollte. Paula meinte, sie komme endlich zum Lesen und bei Kerzenschein sei es doch auch ganz gemütlich…

Berta ging früh ins Bett.

Paul setzte sich in sein Auto und hörte sich die Übertragung des Fußballspiels im Radio an.

Anscheinend hatte der Radiosender auch ein Notstromaggregat.

In der Halbzeit, als die Nachrichten gesendet wurden, hörte er erstmals vom Ausmaß der Katastrophe!

Sämtliche Länder auf der Erde seien jetzt betroffen! Der Fehler sei noch nicht gefunden! Die Menschen mögen Ruhe bewahren, man arbeite fieberhaft an der Ursache.

Paul zog instinktiv sein Handy heraus und wollte seinen Sohn Peter anrufen. Auch das Handy funktionierte nicht mehr…

Dann sah Paul den Nachbarn Charly mit seinem Dackel Gassi gehen. Er stieg aus und begrüßte ihn. Charly erzählte Paul dann, dass er im Supermarkt war, als der Strom ausging. Nach 10 Minuten Warten wurden alle Menschen, die im Laden waren, aufgefordert zu gehen. Dabei mussten die Türen mühsam mechanisch geöffnet werden. Danach habe er einen Supermarkt gefunden, der ein Notstromaggregat hatte. Man sagte ihm, dass es schon ein paar Stunden laufen werde, als er den Leiter der Filiale daraufhin ansprach. Paul fragte dann, ob er denn noch telefonieren könne und Charly erzählte stolz, dass er mit dem ganzen neumodischen Schnick-Schnack nichts am Hut hätte und noch ein altmodisches Telefon aus den 70er Jahren mit Wählscheibe hätte. Da dieses ohne Strom funktioniere, war es auch noch möglich gewesen, seine alte Mutter anzurufen und zu beruhigen, da sie auch so ein altes Telefon besaß. Paul bedankte sich und kehrte zum Auto zurück. Die zweite Halbzeit begann gleich…

Im Radio wurde gerade durchgegeben, dass auch das Schienennetz zusammenbrach. Zwar hätte die Bahn ein eigenes Stromnetz, aber auch dieses funktioniere nicht mehr. Die Versorgung in den Krankenhäusern sei gesichert, die Dieselnotstromaggregate leisteten zufriedenstellend ihren Dienst.

Nach dem Fußballspiel blieb Paul im Auto sitzen und hörte die Meldungen die in Sondersendungen hereinkamen:

Die Autobahnen wären überfüllt. Kilometerlange Staus, viele Autos seien liegengeblieben aufgrund von Spritmangel. Keine Ampel funktioniere mehr, hunderte von Unfällen, auf die Versicherungen käme eine gigantische Schadenssumme zu, da beispielsweise in Supermärkten die Waren nicht mehr verkauft werden dürften, wenn sie länger als 90 Minuten ohne Strom seien.

Paul bekam Hunger und ging ins Haus.

Paula saß immer noch im Lehnstuhl im Wohnzimmer und las bei Kerzenschein.

Er ging in die Küche und holte aus dem Kühlschrank den Käse heraus. Noch war er einigermaßen kühl - aber wenn morgen der Strom wegblieb, was dann?

Er schaute sich um und überlegte, was bei ihm alles vom Strom abhängig ist:

Der Kühlschrank, der Gefrierschrank, der Toaster, die Kaffeemaschine, der Rasierapparat, die Waschmaschine, die elektrischen Rollos (und er freute sich, dass alle oben waren. Wäre nicht auszudenken gewesen, wenn es morgen früh im Haus überall dunkel gewesen wäre. Paul richtete seine Taschenlampe auf den Herd...)

Er überlegte weiter, was alles Strom brauchte: die Lampen, der Fernseher, das Radio, der elektrische Wecker (warum hatte er den manuellen nur entsorgt...), der Föhn, das warme Wasser...

Paul schreckte hoch und drehte den Wasserhahn auf.

Kaltes Wasser kam noch.

Blitzschnell rannte er in den oberen Stock, leuchtete in die Wanne, steckte den Stöpsel hinein und ließ kaltes Wasser hineinlaufen... Sicher ist sicher, dachte er sich.

Als die Wanne fast voll war, stockte der Zulauf. Es prustete und spukte... Es kam kein Wasser mehr...

Er ging nach unten und informierte Paula. Sie schaute ihn ernst an. Paul schmunzelte, als er ihre halbfertige Dauerwelle ansah…

Die Menschen hatten sich zur Geisel des modernen Lebens gemacht…

Am nächsten Morgen klopfte es an der Tür!

Paula öffnete. Draußen stand Familie Müller. Ihr Baby schreiend auf dem Arm baten sie um etwas Essbares. Ihr Baby hätte so Bauchweh und Hunger, aber sie konnten nichts Warmes kochen, geschweige denn einen Babybrei machen.

Berta kam die Treppe herunter.

Sie hatte einen alten Campingkocher in der Hand.

Lächelnd reichte sie ihn der Familie und sagte, damit das Baby etwas Warmes bekommen könne. Dankbar nahm Familie Müller die Leihgabe an.

Paul zog seine Jacke an, um zum Geldautomaten der Bank zwei Straßen weiter zu gehen.

Als er dort angekommen war, stand draußen „Wegen Stromausfall außer Betrieb".

Enttäuscht drehte er sich um und wollte gerade heim gehen, da kam Charly samt Dackel auf ihn zu.

Er erzählte aufgeregt, dass er seinen ehemaligen Nachbarn getroffen hatte und dieser einen alten Fernseher in seinem

Wohnmobil hatte, welcher mit 12 Volt lief. So erfuhr er, dass das wirkliche Ausmaß noch viel schlimmer sei und die Plünderungen der Geschäfte in den südlichen Ländern schon begonnen hatten. Die Deutschen waren da noch sehr zurückhaltend, nur in Berlin in einigen Vierteln wäre schon fast der Ausnahmezustand.

Auf die Frage, wann der Strom wiederkehre, schüttelte Charly nur den Kopf.

Paul nickte und ging heim.

Zuhause angekommen berichtete er seiner Familie die Neuigkeiten.

Berta holte daraufhin die alte Familienbibel und die drei begannen zu beten...

Weltweiter Stromausfall (Teil 2)

Hans und Celestine waren ein ungewöhnliches Pärchen. Beide hatten lange Haare und trugen nur „Öko-Kleidung", wie man im Dorf meinte...

Hans fuhr einen fast zwanzig Jahre alten VW Bus. Im Sommer betrieb ihn Hans überwiegend mit Salatöl, obwohl er nicht umgerüstet war. Einmal musste er in ein Parkhaus fahren und es „duftete" überall lecker nach Pommes Bude...

Die beiden waren gerade dabei, ihre Einkäufe vom Wochenmarkt im kühlen Keller in die Regale zu legen, als der Strom ausfiel. Hans ging zu Celestine und meinte nur, dass sie ganz ruhig bleiben soll.

Einige Minuten später erschien Fredy, ein Verschwörungstheoretiker, der meinte, dass es eine Prophezeiung gäbe, die besage, dass jetzt, zu dieser Zeit, der Strom etwa 7-10 Tage ausfiele. Kaum hatte er das Laptop ausgemacht, sei auch schon der Strom weg gewesen. Hans lächelte ihn an. Er hielt Fredy zwar für überdreht, aber vielleicht war ja etwas dran an der Prophezeiung... Hans ging in die Küche und holte kleines Anmachholz hervor und entzündete es geschickt im alten Holzkohleherd in der Küche. Das gute Stück war schon über 100 Jahre alt, absolvierte aber noch einwandfrei seinen Dienst. Im Schiffchen machte er Wasser warm und so genossen sie nicht nur ein warmes Essen, sondern auch einen wundervollen Bambustee.

Celestine hatte eine Lampe auf den Tisch gestellt. Dort konnte man mittels Kurbel Strom erzeugen und sogar Radio hören. Normalerweise machten sich Celestine und Hans nichts aus den Nachrichten, aber heute lauschten sie gespannt. Fredy gab seinen üblichen Kommentar ab, dass es viel schlimmer sei, als durchgegeben wurde. Die drei beratschlagten, ob sie mit dem VW Bus, in dem man auch Essen und Schlafen konnte zu ihren Freunden in die Allgäuer Berge fahren sollten, oder lieber in ihrem Öko Bauernhof bleiben sollten. Sie entschieden sich zu bleiben, da Hans sagte, dass sie für 6 Wochen locker Nahrungsmittel hatten. Und falls die

Nachbarn etwas bräuchten, wäre das auch möglich. Das alte Telefon funktionierte noch und Fredy löste eine Art Lawine der besonderen Art aus. Er rief einen Freund an und bat diesen, einen weiteren anzurufen und die Situation zu erklären. Jeder von ihnen hatte ein altes Telefon mit Schnur, völlig unabhängig vom Stromnetz. Celestine ging in die Waschküche des Bauernhofes und begann ihre Wäsche auf altertümliche Weise zu waschen. Einen Waschzuber hatte sie noch. Das Wasser hatte sie in der Küche auf dem alten Herd erwärmt. Am nächsten Tag kamen 8 Freunde und Bekannte, da sie wussten, dass Hans und Celestine relativ autark lebten. Selbstverständlich brachte jeder von ihnen etwas mit und so teilte man alles miteinander. Ab dem dritten Tag gab es keinen Radioempfang mehr. Einer in der Gruppe war hellsichtig und ein Channelmedium. Die Engelwelt teilte mit, dass es sehr schlimm auf Erden zu ging, sie aber dort wo sie sich aufhielten, an einem geschützten Ort waren.

Nach 9 Tagen war der Strom wieder da. Die ganze Gruppe hatte den Bauernhof in den ganzen Tagen nicht verlassen, denn das Plumpsklo funktionierte noch einwandfrei. Da Hans einen eigenen Brunnen auf dem Grundstück hatte, war auch die Wasserversorgung gewährleistet gewesen und sie hatten allesamt in treuer Einkehr und starkem Zusammenhalt mit täglichen innigen Gebeten und dem absoluten Gottvertrauen diese dunklen Tage überstanden...

Es war nichts mehr so wie vorher...

(Danke schön, lieber Hutzlibub, für diese lehrreichen Geschichten!)

Weltweiter Stromausfall (Teil 3)

(Bertelbart und Adalbert, unsere beiden Mitbewohner, ihres Zeichens Zwerge, möchten auch etwas sagen. Wir sind ganz Ohr, wie man so schön sagt...)

Es ist Juli und bannig heiß! Was soviel heißt wie: „Bullenhitze!"

Die Sonne brennt vom Himmel und erwärmt alles was da ist...

Wirklich nur erwärmt?

Die Sonnenaktivitäten nehmen in rasanter Weise zu!

Ohne Vorwarnung kommt der globale Zusammenbruch des weltweiten Stromnetzes!

Kein Windrad, keine Solaranlage, überhaupt kein Strom funktioniert mehr...

Die Menschen sind in die Steinzeit zurückversetzt – für einige Tage...

Auch in dieser Geschichte gibt es fiktive Personen, damit alles einfacher erklärt werden kann.

Josephine, Patricia, Herrmann und Siegfried, genannt Siggi, sind vier junge Leute, die einen Abenteuerurlaub in Kanada hinter sich haben.

In drei Stunden soll der Flieger Richtung Heimat gehen.

Plötzlich ist der Strom weg…

Siggi ist der coolste von allen und ruft mit dem Handy beim Flughafen an. Mitten im Gespräch bricht das Netz zusammen. Kein Empfang mehr…

Herrmann ist Physikstudent und überlegt akribisch… So ein Szenario hatten sie doch theoretisch einmal durchgespielt… Seine grauen Zellen fangen an zu rattern…

Josephine, kurz Jo, ist die Klügste der vier Personen, Abi mit 1, Studium mit 1 und nur technikabhängig. Allein der Gedanke, dass das Handy nicht geht, löst bei ihr einen Entzug aus. Sie ist abgeschnitten von dem Teil, der Messias Ersatz spielte, wie bei vielen jungen Leuten…

Patricia, die immer Pat genannt wird meinte daraufhin, dass das doch cool sei und der Urlaub dann halt länger ginge, falls der Stromausfall bliebe.

Plötzlich laute Stimmen von der Straße her.

Sektenanhänger einer Untergangssekte prophezeiten die letzten Stunden der Erde mit dem Erscheinen des Messias am Himmel. Herrmann grinste, Jo schluckt, Pat lästert und Siggi fragt nur, was die Typen da gesagt haben.

Drei Stunden später rastet Jo förmlich aus. Immer noch kein Netz für ihr Handy. Der Flieger kann nicht starten, sie hängen fest.

Der Hotelchef gibt ihnen unmissverständlich zu erkennen, dass sie das Hotel verlassen müssen, da gleich neue Gäste kommen.

Siggi grinst und macht Handzeichen. Pat fragt, wie das denn gehen soll?

Der Hotelchef erlaubt ihnen solange gegen Bezahlung in bar zu bleiben, bis die neuen Gäste eintreffen. Die Vier sind einverstanden.

Am nächsten Tag entschließen sie sich, eine billigere Unterkunft zu suchen, da das Bargeld langsam knapp wird und alle Geldautomaten nicht mehr funktionieren. Die Stadt hat nur 5000 Einwohner, aber es herrscht schon ein ordentliches Chaos. Der Flughafen in der 25 km entfernten Großstadt wäre als Alternative zu Fuß zu erreichen, schlägt Siggi vor. Die drei anderen legen aber ihr Veto ein. Sie haben an dem Tag Glück. Siggi trifft in der Stadt eine Frau aus Österreich, die aussieht, als käme sie gerade vom Woodstock Festival. Hippie live! Siggi sagt nur, „Auch ein Hippie muss mal Pippi", so lernen sie sich kennen. Die Vier Freunde haben Glück, Lou, die eigentlich Luise heißt und aus Wien stammt, kennt zwei Ökobauern aus der Schweiz, die hierher ausgewandert sind. Dort können sie kurzfristig wohnen, solange der Stromausfall dauert. Innerhalb des Tages kommen etwa 100 Personen, um dort Zuflucht zu finden. Die Ranch ist groß genug. Gierig machen sich viele über die erlesenen Käsesorten, aus kanadischer Sicht, her. Siggi plädiert dafür, dass jeder etwas für die Verpflegung leistet. Es wird mit Applaus angenommen. Als nach 9 Tagen der Strom wieder funktioniert, hat keiner der vier Freunde mehr Lust nach Hause zu fliegen. Lou ist mittlerweile fest mit Siggi liiert und auch die anderen drei haben Freundschaften geschlossen. Es entsteht ein spirituelles Zentrum, wo jeder seine Fähigkeiten im Einklang mit der Natur einbringt. Ach ja: Jo, die Handy Anbeterin, hat es rituell beerdigt... grins, mit einem Hammer... und ist jetzt liebevoll in den Kreis der gläubigen Menschen in tiefer Liebe zu unserem Schöpfer eingetreten. Im Einklang mit Mensch, Tier und Natur – pur in Kanada!

(Danke ihr Lieben, mei, gespickt mit schwarzem Humor...)

Kastanien-Flüssigseife selber herstellen

Dieses Rezept stammt indirekt von Gertrud und wurde durch Tipps der geistigen Welt „verfeinert".

Es ist ganz einfach und ist eine fantastische Seife (auch zum Wäsche waschen)

Zuerst dürft ihr wieder euer inneres Kind erfreuen! Kastanien sammeln!

Flora und ich haben immer eine oder zwei Kastanien das ganze Jahr in der Hosentasche. Das ist gut für den Körper allgemein.

Doch jetzt zur Kindheitserinnerung:

Kastanien sammeln und sortieren. Schaut sie euch an. Na, da kommen Kindheitserinnerungen hoch, oder?

Die Kastanien befreit bitte von den Schalen. Diese Schalen könnt ihr den Tieren noch als Futter geben. Wenn wir sie draußen hinlegen, sind sie am nächsten Tag weg...

Jetzt schneidet die Kastanien in ganz kleine Stücke.

Diese gebt ihr in ein verschließbares Glas, dass ihr etwa zu ¾ mit gutem Quellwasser füllt. Jetzt schüttelt das Ganze ordentlich durch. Wir stellen noch unseren Orgonstrahler davor (zum Thema Orgonstrahler gibt es ein eigenes Kapitel) und strahlen Reinigung und Heilung hinein. Das ganze Procedere funktioniert natürlich auch ohne Orgonstrahler, ist nur nicht ganz so stark...

Tägliches mehrfaches Schütteln über 4-5 Tage lässt die Naturseife reifen. Dann abseihen durch ein Baumwoll-tuch und abfüllen in einen Flüssigseife Spender.

Wundervolle Naturseife!

Unsere geliebte Erde hält so viele Dinge für uns kostenlos als Geschenke bereit. Wir brauchen sie nur annehmen und verwenden!

Wetter

Dieses Thema liegt mir sehr am Herzen und ihr werdet gleich auch merken warum.

Früher, vor dem zweiten Weltkrieg, war das Wetter noch „normal", es wurde nicht an ihm „herumgedoktert", doch seit die Haarp Technologie und die sogenannten „Chemtrails" das Wetter beeinflussen, sind wir immer mehr Dingen ausgesetzt, die wir gar nicht möchten, geschweige denn Gottvater. Und so habe ich Gottvater gefragt, ob es Möglichkeiten gäbe, sich zu schützen und einen Schutz aufzubauen.

Die Antwort war ganz klar: „Jeder Mensch, der an mich glaubt und sich unter meinen Schutz stellt, wird diesen erhalten, wenn er auch den rechten Weg geht."

Ich war sehr glücklich darüber und so nach und nach bekam ich immer wieder Eingebungen verschiedenster Art, wie man Schutzmechanismen auch im erweiterten Stil aufbauen kann.

Mit meinem Freund Fritz zusammen entstand eine Art Wetterkerze. Wir kauften uns weiße Kerzen, die wir in tiefer, inniger Verbindung mit Gottvater energetisch aufluden, um Wetter abzuwenden, was nicht gottgewollt war. Im Einzelnen funktioniert es folgendermaßen: Ihr besorgt euch eine große, weiße Kerze und nehmt sie in eure Hände. Jetzt fühlt einmal zuerst in sie hinein, denn sie ist ja auch eine erschaffene Form. Eine Kerze hat viel mehr Energie, als man sich nur vorstellen kann und deshalb erkläre ich auch, wie sie nutzbar ist. Nachdem ihr mit ihrer Energie sozusagen auf Tuchfüllung gegangen seid, (dabei ist es nicht wichtig, ob ihr es gespürt habt oder nicht) stellt oder legt sie vor euch hin. Jetzt legt eure Hände zum Gebet aufeinander und betet ein inniges Gebet zu unserem Schöpfer. Ich benutze folgendes Gebet:

„Geliebter Vater. Ich bitte dich jetzt um deinen Segen und Schutz für diese weiße Kerze hier. Bitte lade sie mit deiner Energie auf, dass sie immer, wenn sie angezündet wird, unser Haus und unser Grundstück einhüllt und schützt. Ferner bitte ich dich, dass deine göttliche Gerechtigkeit jetzt in diese Kerze hineinfließt und dadurch das Wetter am Himmel immer so wird, wie du es möchtest, dass nur dein Wille geschieht und nicht der Wille der Menschen. Wir legen jetzt liebevoll und voller Vertrauen unseren freien Willen diesbezüglich in deine Hände und wissen genau, dass nur das geschieht, was du möchtest, denn nur dein Wille geschieht jetzt. Danke, danke, danke geliebter Vater. Jesus Christus ist Sieger! Amen, Amen, Amen!“

Danach halte ich meine Hände noch über die Kerze und sage: „Ich segne dich in VATERS Namen. Amen, Amen, Amen!“

Jetzt ist aus dieser weißen Kerze eine Wetterkerze geworden, die immer, wenn sie brennt, einen Schutz für Haus, Hof und Natur aufbaut. Ich könnte ein ganzes Buch füllen mit Geschichten, wo die Wetterkerze im Einsatz war und das Wettergeschehen dahingehend verändert hat, wie unser Vater es wollte und nicht die Menschen.

Unser geliebter VATER in Jesus Christus hat uns ja viele Hilfen gegeben, die wir auch im täglichen Leben gegeben. In der Bibel steht, dass die Erde sich nicht bewegt und ein Firmament hat. Nun, so stelle ich mir die Erde vor: Ich halte symbolisch meine Hände über das Firmament der Erde, also das Dach und es fließt sofort Heilenergie in sie hinein, wenn ich dabei innig mit dem VATER bete.

Hört ihr jetzt beispielsweise von einem Erdbeben oder einer anderen Naturkatastrophe, so könnt ihr folgendermaßen helfend mitwirken (auch in Krisensituationen oftmals lebensnotwendig): Zuerst betet ihr zu Gottvater und bittet ihn, dass ihr dort, wo die Katastrophe geschah, positive Gedanken hinsenden zu dürfen, soweit es Gottvater erlaubt. Wenn ihr so betet oder bittet, geht ihr nie über die Grenze hinaus, die erlaubt ist vom VATER und mischt euch nicht in Dinge ein, die ihr nicht dürft.

Ich kann aber auch meine Hände über die betreffende Region auf einem Atlas legen und sie in VATERS Namen segnen. „Ich segne dich im Namen des Vaters. Amen, Amen, Amen!" Ich persönlich spüre dann sofort, wie sich dort etwas ändert und meine Hände warm werden und die Energie nur so fließt. Ihr merkt es vielleicht nicht sofort, aber es funktioniert trotzdem. Mit der Zeit werdet ihr feinfühliger werden. Es funktioniert auch wunderbar mit dem Orgonstrahler, indem ihr die betreffende Region bestrahlt und darum bittet, dass nur so viel Energie dorthin fließt, wie Gottvater es erlaubt. Da alles im Großen wie im Kleinen, im Makrokosmos wie im Mikrokosmos gleichermaßen geschieht, könnt ihr auch ein

Foto nehmen, ein Bild dieser Region oder den Namen davon einfach aufschreiben.

Ich gebe dazu ein Beispiel: Die Ölkatastrophe im Golf von Mexiko ist ja bei vielen noch in der Erinnerung. Ich habe damals mit dem Orgonstrahler sofort dort nach einem innigen Gebet Heilenergien hingesendet. Die geistige Welt sagte damals, dass die Katastrophe um ein Vielfaches schlimmer wäre, würde nicht von Seite der geistigen Welt und ihrer Helfer Öl feinstofflich abgesaugt. Meint ihr, dass das damals ein Aufrüttler für die Menschen waren um sorgfältiger mit der Umwelt umzugehen? Kurzfristig war es der Fall, aber viele Menschen verfallen wieder in ihre alte Denk- und Handelsweise hinein. Ich spüre, dass es eine Mahnung ist und Gottvater langsam aber sicher zum einen die Schwingung weiter ansteigen lässt und zum anderen die Menschen merken dürfen, dass es nicht nur fünf Minuten vor Zwölf ist, sondern 3 Sekunden davor ist.

Die Zeit läuft den Menschen langsam ab! Unsere geliebte Erde, mit der ich auch in Kontakt stehe, wehrt sich! Sie lässt es nicht mehr zu, was da geschieht! Die Vulkanausbrüche, Erdbeben und auch Unwetter verstärken sich! Deshalb habe ich auch einen spirituellen Roman geschrieben, wie man bewusst helfen kann und Kontakt zu den Vulkanen aufnehmen kann.

Auf die heftigsten Szenarien möchte ich kurz eingehen und was wir dann machen können, bzw. wie wir beten können, um es abzumildern oder zu ändern.

Es gibt sogenannte „Supervulkane". Einer steht im Yellowstone Nationalpark in den USA. Wenn dieser ausbricht, haben wir ein Szenario, das in keinem Hollywood Film nur annähernd dargestellt werden kann. Weltweit verfinstert sich der Himmel, die Temperatur sinkt sofort drastisch ab und eine kleine Eiszeit könnte beginnen, wenn: Ja wenn nicht so viele fleißige Helfer hier auf Erden wären, die jeden Tag unermüdlich für diesen Planeten und seine Bewohner beten und positive Energie senden. Ich habe mich mit einigen Leuten über das Thema unterhalten. Zuerst sind die Menschen immer noch ihres eigenen Glückes Schmied, was heißen soll, dass sie den festgefahrenen Karren selber aus dem Schlamm schieben dürfen! Diese Formulierung bekam ich so gesagt. Aber auch, dass wir permanent Hilfe von unseren Schutzengeln und den höheren Wesen der göttlichen Hierarchie bekommen, wenn wir dafür offen sind, es zulassen und als Grundvoraussetzung natürlich ein ehrliches, friedfertiges Leben gestalten. Ich höre jetzt schon wieder die Kritiker reden... Was ist denn so ein Leben?

Die Antwort bekam ich von meinem Freund Charly gesagt: „Benimm dich jedem Menschen und allem was lebt so gegenüber, wie du auch behandelt werden möchtest."

Kurz, knapp und präzise auf den Punkt gebracht. Danke, Charly!

Auf meine Frage, wie wir denn dieses gewaltige Spektakel eines Supervulkan Ausbruchs abwenden oder zumindest mildern könnten, kam die Antwort auch ganz flugs:

„Ihr Menschen seid, wie gesagt, eures eigenen Schicksals Schmied. Aus eigener Kraft könnt ihr aus diesem Juwel Erde ein blühendes Paradies machen. Nur müssen dann sofort aller Hass, alle Gier, alle Gewalt, alle Kontrollmaßnahmen und Unterdrückung sofort ein Ende haben! Schon immer gab es Menschen oder Rassen auf dieser Erde, die sehr wohl wussten, was hier geschieht. Auch wurde einigen von ihnen erlaubt, einige Szenarien zu erblicken, die damals weit in der Zukunft lagen und dieses aufzuschreiben - als Mahnung und Möglichkeit der Einkehr. Gottvater hat viele seiner Engel gefragt, ob sie freiwillige Inkarnationen auf diesem Juwel, der Erde, nehmen möchten, um alles kennenzulernen. Einige sind in karmabedingte Verstrickungen geraten, doch viele haben trotz der vielen Jahrhunderte fest im Glauben und Vertrauen zum Vater gehalten. Auch Scheiterhaufen Verbrennungen, Kreuzigungen oder sehr brutale Folterungen haben ihren Glauben an die Herrlichkeit des VATERS nicht brechen können. Viele dieser Engel sind auch jetzt inkarniert, in dieser spannendsten aller Erdgeschichtsepisoden und die Warteliste für Inkarnationen hier, war noch nie so lang wie jetzt. Wenn ihr jetzt für Frieden, Heilung, Reinigung und Harmonie im Einklang mit unserer geliebten Erde betet, so geht diese von Herzen kommende Energie niemals verloren. Egal, wann ihr betet und wo. Wichtig ist nur, dass es innig und von Herzen kommt. Um die Erde ist eine gewaltige Energieschicht feinstofflicher Art. Es ist das „Gedächtnis der Erde". Dort hat alles, was jemals auf der Erde geschehen ist, seinen geordneten Platz. Ihr könnt es euch wie eine Festplatte eines gigantischen Computers vorstellen, wo alles gespeichert wird. Aus diesem Grund haben auch hellsichtige Menschen oft die

Gabe vom VATER bekommen, zu sehen, was einmal war, um zu helfen, diesen Fehler kein zweites Mal zu machen. Zurück zu dem innigen Beten: Wer jetzt dieses voller Demut, Liebe und Barmherzigkeit erfüllt, verbindet sich mit allen Lebensformen auf der Erde, die ebenfalls diese positiven Schwingungen aussenden. Es gibt für jedes Problem, jede Situation oder jede Thematik ein eigenes Feld mit Unterrubriken. So kann genau zugeordnet werden, wo das Gebet jetzt eingruppiert wird, um dann mit den anderen passenden Gebeten zur Heilung, Reinigung oder Klärung fließen zu können. Aus diesem Grund spielt Zeit und Raum eurer Gebete keine Rolle. Alles kommt an, was von Herzen gesendet oder gesprochen wird. Je mehr Menschen jetzt regelmäßig für den Frieden und die GÖTTLICHE GERECHTIGKEIT beten und bitten, je schneller verwirklicht sich alles! Die Zeit vergeht ja fühlbar schneller und dieses ist auch wirklich so. Demzufolge sind die 8 Stunden Schlaf auch weniger. Menschen, die sich an die Schwingungserhöhungen anpassen aus freiem Willen, werden energetisch versorgt und kommen gut damit klar. Diejenigen jedoch, welche sich weigern, oder weiterhin versuchen, mit dem Kopf durch die Wand symbolisch zu gehen, spüren, dass ihre „Macht" immer weiter abnimmt und sie sich auf eine Situation einzustellen haben, die nicht mehr nach ihren Regeln funktioniert, sondern nach denen von Gottvater. Wenn wir jetzt wieder zum, Thema Naturkatastrophen zurückkehren, heißt das im Klartext, dass alle Dinge, die in der Vorschau durch Prophezeiungen geweissagt oder verkündet wurden, nicht feststehen, sondern sehr wohl gewandelt oder abgehalten werden können. So ist jeder einzelne Mensch nicht nur ein

Individuum, sondern auch in der Lage, weltbewegend seinen Teil dazu beizutragen, die Erde positiv zu verändern! Es gibt keine Ohnmacht mehr in Bezug auf „klappt nicht" oder „hat ja sowieso keinen Zweck". Alle Menschen arbeiten Hand in Hand bei der Schwingungserhöhung in freiwilliger Weise, die es möchten, mit wahrer Hingabe und Freude! Wisset: Der Mensch denkt und Gott lenkt! Hört auf eure inneren Eingebungen und lasst euch liebevoll führen! Der Frieden im Herzen entsteht durch Loslassen alter Muster und Blockaden, hin zum Vertrauen und Mitwirken an der Wandlung und Heilung aller Lebensformen, die diesen Weg gehen, gemeinsam mit unserer geliebten Erde, die ein hoch empfindsames Lebewesen voller Güte ist."

Ich danke meinen Engeln und meinem Freund Charly für diese wundervollen Worte!

Habt weiterhin vollstes Vertrauen in den VATER und zweifelt nicht eine Sekunde daran, dass ihr beschützt und behütet seid!

Auch eine mögliche Währungsreform in nächster Zeit ist durchaus denkbar! Man kann nicht immer weiter Milliarden von Euronoten drucken!

Gottvater sagte, dass alle Lügen und Betrügereien, die von bestimmten Wesenheiten zur Unterdrückung und Versklavung der Menschheit gemacht wurden, jetzt ans Tageslicht kommen und aufgedeckt werden.

Und dafür fürchten die sich!

Seid 2015 die riesige Flüchtlingswelle einsetzte, die jetzt, Ende Oktober 2018, immer noch andauert und der VATER von einer gezielten Umvolkung von Europa sprach, sind immer mehr Menschen verunsichert und möchten am liebsten aus Deutschland auswandern.

Doch wohin, werde ich immer wieder gefragt.

Nun, einige von euch sprechen von einer Auswanderung auf Zeit oder auch komplett nach Südspanien, den Balearen, den Kanaren oder auch Südamerika, Kanada, Thailand, den Philippinen oder Neuseeland. Bei einer Auswanderung auf Zeit, wird hier in Deutschland ein Wohnsitz behalten. Idealerweise bei Verwandten, die dann auch die dann wenige Post in Empfang nehmen und den „Ausgewanderten" darüber Bescheid geben. Eine liebe Freundin von uns sagte, dass es große Campingparks gibt, wo man einen Stellplatz mieten oder pachten kann und sich dort mit dem ersten Wohnsitz anmelden kann. Eine andere Alternative ist es, mit einem Wohnmobil zuerst die Gegend, in die man ziehen möchte zu erkunden, ob es etwas Erschwingliches gibt, denn meistens muss man in der Heimat zuerst sein Haus verkaufen, um sich ein neues Haus dort in der neuen Umgebung, zu kaufen. Einige, die kein Eigentum haben, spekulieren damit, auf einem Campingplatz in Spanien beispielsweise, die Zeit zu verbringen, bis es sich beruhigt hat – oder aber ein Bürgerkrieg – sofern dieser kommt, zu überstehen. Das Wichtigste ist aber, dass ihr euch einig seid. Wer eine Familie hat, sollte alle Familienmitglieder fragen, was sie davon halten, wenn diese schon erwachsen sind. Kinder haben meistens Pech und müssen mit, wenn die Eltern auswandern. Die kalten Winter in Deutschland, Österreich und der Schweiz sind auch ein Grund für einige Menschen, auszuwandern.

Ich habe dieses Thema nur am Rande erwähnt, aber es ist in der Tat eine heikle Zeit, die vor uns liegt, aber unsere täglichen, freiwilligen Gebete haben sehr viel Kraft und Energie als Bollwerk gegen die andere Seite!

Wisst, dass alles möglich ist, was der VATER möchte!

Heilung geschieht jetzt überall dort, wo Gottvater es möchte und zulässt. Amen! Amen! Amen!

Ernährung und mehr...

Ich möchte hier nur das wiedergeben, was ich dazu von der geistigen Welt erhalten habe in kurzen knappen Sätzen:

Wasser, das erwärmt wird, verliert seine Energie und alles was in ihm war, wird abgetötet. Um es jetzt energetisch wieder zu aktivieren oder aufzuladen, sollte es nach der Abkühlung wieder mit Heilsteinen bestückt werden.

Wasser, welches kalt getrunken wird, muss im Körper erst wieder auf „Betriebstemperatur" angewärmt werden. Diese 37 Grad zu erzeugen, kostet den Körper viel Energie.

Hingegen warmes Wasser zu trinken bringt nicht viel, da es ohne Energie ist. Ihr könnt aber tricksen: Kocht euer Wasser ruhig ab, lasst es auf Trinktemperatur abkühlen, aber gebt vor dem Trinken die Nährstoffe hinein (Kräuter, Klinoptilolith Zeolith oder Schindeles Mineralien z.B.), dann ist es energetisiert.

Vor jeder Mahlzeit 0,25 – 0,5 Liter Wasser trinken. Dann etwa 30 Minuten warten und dann erst essen. Wie oft ihr kaut ist egal, Hauptsache es ist ein schöner Brei, der dann im Magen von der Magensäure zerlegt und bearbeitet wird. Wenn man nämlich während des Essens etwas trinkt, wird automatisch dadurch die Magensäure verdünnt und der Körper muss neue dazu produzieren. Das dauert aber. Ist die Magensäure zu dünn, gibt es oft Sodbrennen. Nach dem Essen sollte man je nachdem, was man gegessen hat, zwischen 30 und 120 Minuten warten, bis man wieder trinken sollte. Ein Apfel braucht etwa 30 Minuten zur Verdauung, Brote eher 90-120 Minuten und wenn jetzt so ein Mensch sich sehr ungesund und fettig ernährt hat (z.B. Schweinshaxe oder anderes fettiges Fleisch oder Geflügel, sind es auch schon mal 3-4 Stunden die der Körper dafür benötigt.)

Wichtig ist auch, dass beim Essen nicht geredet werden sollte und bedächtig gekaut wird.

Schlingen ist ganz schlimm für den Körper!

Ideal wäre es, kein Eis oder eiskalte Getränke zu euch zu nehmen, da der Körper richtig viel Aufwand betreiben muss, um sie auf Körpertemperatur aufzuwärmen.

Ich darf euch auch noch sagen, dass eine Darmreinigung eigentlich fast jedem Menschen guttäte. Ob es jetzt eine Colon-Hydro Therapie ist, man sich in den After ein Klistier einführt oder eine der anderen Methoden benutzt, um den Darm zu reinigen, darf jeder selbst entscheiden.

Eine preiswerte Methode ist das Essen von fünf Löwenzahnstengeln täglich, dadurch diese Technik Magen, Darm, Leber und Galle gereinigt werden kann. Ich habe als Tüftler natürlich auch die Tinktur Methode dazu entwickelt:

1 Flasche Wodka kaufen und die Hälfte davon in eine andere Flasche abfüllen. Löwenzahnstängel suchen und waschen (die Köpfe und die Blätter könnt ihr z.b. für einen Salat nutzen) und die Stängel dann in den Wodka geben, bis dieser zu ¾ gefüllt ist. Täglich schütteln und mindestens einen Mondzyklus (30 Tage) stehen lassen. Danach könnt ihr täglich einige Tropfen davon in Wasser morgens einnehmen. So könnt ihr eure inneren Organe auch wunderbar reinigen.

Noch ein letztes Statement zum Wasser: Es nimmt pausenlos Informationen auf. Steht beispielsweise ein Glas Wasser vor einem Lautsprecher, aus dem Rockmusik oder Techno Musik kommt, wird deren Schwingung auf das Wasser übertragen. Ebenso die negativen Nachrichten im Radio, der Krimi am Abend etc. Steht aber das Wasser oder die Karaffe auf einem Schutzsymbol und hat vielleicht noch schützende Steine in der Karaffe, so kann das destruktive dem Wasser nichts anhaben, da die höhere Schwingung immer überwiegt.

Bei Erkältungen treibt heiß getrunkenes Wasser Giftstoffe aus dem Körper. Ein heißes Fußbad (auch mit Salz) unterstützt dieses dann.

Versetzt euch einfach mal in euren Körper hinein, bevor ihr ihm alles Mögliche zumutet, was verarbeitet werden muss.

Dann vergeht einem die Lust auf so manches, was eigentlich nur durch Faulheit oder falsche Erziehung in der Kindheit passiert ist. Die festgefahrenen Gewohnheiten ändern ist nicht immer leicht: Wer essen geht, wird ja auch gleich nach dem passenden Getränk dazu aufgefordert. Dort stark bleiben, ist die Devise dann.

Tüftelt einfach herum, wie es für euch am besten ist. Jeder hat eine andere Technik, um mit seinem Körper ins Reine zu kommen. Wichtig ist nur, dass man es tut!

Entstören von Handys und anderen Dingern

Auf vielfachen Wunsch beschreibe ich hier noch einmal, wie man ein Handy mit ganz simplen Techniken entstören kann, ohne seine Funktion einzuschränken:

Ihr nehmt einen Zettel und malt darauf eine liegende Acht, das sogenannte „Unendlichkeitszeichen".

Jetzt nehmt es zwischen eure Hände und betet:

„Geliebter VATER. Ich bitte um Entstörung aller belastenden und negativen Strahlen in meinem Handy, meiner Aura und meinem Umfeld durch dieses Bild der liegenden Acht. Danke, geliebter VATER. Amen, Amen, Amen!"

Danach legt ihr dieses Symbol auf den Akku eures Handys.

Es ist jetzt feinstofflich entstört.

Es funktioniert auch mit einer rechtsdrehenden Spirale, also von innen nach außen größer werdend.

Hier betet ihr:

„Geliebter VATER. Ich bitte um Entstörung aller belastenden und negativen Strahlen in meinem Handy, meiner Aura und meinem Umfeld durch dieses Bild der rechtsdrehenden Spirale. Danke, geliebter VATER. Amen, Amen, Amen!"

Um einen Fernseher zu entstrahlen, solltet ihr einen Rosenquarz, einen weißen Baryt und einen schwarzen Turmalin dort platzieren.

Bevor ihr fernseht, stellt euch geistig eine Scheibe aus Licht vor, die vor eurem TV steht und nur diese Energien durchlasst, die für euch gut sind. Oberhalb des Fernsehers stellt ihr euch dann eine Lichtsäule vor, die alles Negative aus dem TV ins Licht zur Transformation sendet.

Diese Lichtscheibe täglich vor dem ersten Schauen erneuern.

Ich spreche dabei folgendes Gebet:

„Geliebter VATER, ich bitte darum, dass nur die positiven Energien aus dem Fernsehen jetzt durch die Lichtscheibe kommt und alles für uns Schadhafte, durch die Lichtsäule weggefiltert wird. Dein Wille geschieht jetzt! Amen! Amen! Amen!"

Beim Monitor der alten Art muss man schon „schwere Geschütze" auffahren, um ihn zu entstören: weißer Baryt, Schungit, schwarzer Turmalin und Rosenquarz sind von Nöten. Die neuen TFT Monitore begnügen sich mit schwarzem Turmalin und/oder Schungit oder weißer Baryt.

W-Lan Netze sind fast gar nicht komplett zu entstören, wie drahtlose Telefone, da die Basisstation permanent negative Energie (für den Körper und die Seele) aussendet. Unter der Basisstation und auch auf ihr könnt ihr eine Schungitplatte kleben und weißer Baryt dazu, damit bekommt ihr das Gröbste entstört. Im Bett noch zusätzlich die Kordel um die Bettpfosten und weißen Baryt unter das Bett.

Aber die einfachste Lösung ist die, kein Handy zu haben (so wie wir) und Telefon und Internet auf die altherkömmliche Art mit gutem alten Kabel. Der Router vom Internetanbieter hab ich zusätzlich mit Alufolie umwickelt. So einfach ist das!

Den Sicherungskasten kann man wie folgt abschirmen: Innen in den Deckel eine rechtsdrehende Spirale hineinkleben, eine liegende Acht dazu und einen weißen Baryt, einen Rosenquarz, einen Schungit und einen schwarzen Turmalin.

Mikrowellen solltet ihr gar nicht benutzen. Entsorgt sie lieber!

Laptops nur mit Kabel.

UMTS Geräte sind noch heftiger als W-Lan!

Die „Energy-box", die es jetzt schon in einigen Ländern gibt, macht krank! In Bälde soll 5G Technologie auch in Deutschland kommen. In den Niederlanden wird es schon getestet. Sie macht nicht nur krank, sondern ist sehr gefährlich! Dieses wäre ein Grund auszuwandern.

Auch Solaranlagen auf dem Dach können krank machen! Viele Menschen reagieren immer heftiger auf den Funk- und Elektrosmog! (Ich bin elektrosensitiv und weiß, wovon ich rede). Handytürme und Stromkraftwerke und riesige Masten in eurer Nähe könnt ihr mittels Orgonstrahler einigermaßen von euch abschirmen, indem ihr sie fotografiert und dieses Foto mit dem Orgonstrahler bestrahlt und darum bittet, dass er nur noch für den Menschen nicht gefährliche Strahlung aussendet, im Rahmen eures freien Willens bittet ihr darum! Das darf man!

Wenn ihr bittet und betet und mindestens zu zweit seid, ist Jesus Christus symbolisch unter euch, denn es heißt ja so schön: „Wenn zwei oder mehr in meinem Namen beten, werde ich unter ihnen sein…"

Korkfußboden oder Korkwände halten auch Strahlung fern.

Lasst eure Schlafplätze auf Strahlung untersuchen.

Lanolinwolle vom Schaf, die nur mit klarem Wasser gewaschen wurde, nach dem Trocknen gekämmt und dann verarbeitet, hat noch alle positive Energie des Schafes für den Menschen. Sie sollte nur gelüftet und nicht mit Seife gewaschen werden. Es gibt leider recht wenig Menschen, die diese Kunst beherrschen. Eine davon ist unsere Bekannte Gertrud und wir sind ihr dankbar für diesen Tipp!

Allergien kann man umwandeln, indem man sich in den Kreis stellt (z.b. aus Bergkristall wie vorne erzählt) und dann mit der Rückseite des Orgonstrahlers „Maria" darum bittet, dass alle Allergie auslösenden Dinge herausgezogen werden dürfen und man dorthin geführt wird, was zum Verzeihen des Problems, was die Allergie ausgelöst hat.

Ich habe wunderbare Erfolge mit folgenden Gebeten erzielt:

„Ich vergebe mir alles, was ich mir angetan habe und lasse liebevoll los."

„Ich vergebe allen Menschen, die mir etwas angetan haben und lasse liebevoll los."

„Ich bitte alle um Vergebung, denen ich bewusst oder unbewusst etwas angetan habe und bitte liebevoll um Vergebung."

Wer jetzt noch möchte, kann, da er ja auch energetisch mit allen Menschen auf der Erde verbunden ist, symbolisch für die Schandtaten, die Menschen an unserer geliebten Erde verübten, symbolisch dafür um Vergebung oder Verzeihung bitten. Gestern habe ich es gemacht. Die Reaktion, die ablief war überwältigend... Probiert es doch einmal aus. Aber nur aus tiefstem innerem Wunsch der Heilung.

„Geliebtes Juwel Erde. Ich bitte dich vielmals und in tiefer Demut um Verzeihung für all das, was die Menschen dir immer wieder angetan haben. Ich bete stellvertretend für die gesamte Menschheit und bitte dich, uns zu vergeben und zu verzeihen. Danke, danke, danke, geliebte Erde. Wir lieben und umarmen dich von Herzen."

DANKE GELIEBTER VATER! DEIN WILLE GESCHIEHT JETZT, DENN JESUS CHRISTUS IST SIEGER, JESUS CHRISTUS IST SIEGER, JESUS CHRISTUS IST SIEGER! AMEN, AMEN, AMEN!"

Sabines Vision und mehr

Vorhin klingelte das Telefon und unsere hellsichtige Freundin Sabine wollte mir etwas mitteilen.

Was sie dann sagte, war so interessant, dass ich es auch gerne mit euch teilen möchte, denn es ist passend zum vorigen Kapitel.

Sie sagte sinngemäß: „Die täglichen Sprühungen durch die Chemtrails werden immer heftiger! Es ist immer schwieriger mit dem Chembuster die „Suppe aus Chemie" aufzulösen. Selbstverständlich spielt dabei auch die Luftverschmutzung eine sehr wichtige Rolle und die Dinge, die durch die

Chemtrails versprüht werden. Aluminium ist schon schlimm genug, aber Barium ist eigentlich nicht giftig, verbindet sich aber oftmals mit Sulfaten und dann ist es giftig für Mensch und Natur. Aber da das Meereswasser herabregnet, auch wieder alle Mineralien und Spurenelemente besitzt, kann man oft gar nicht genau sagen, welche Auswirkungen entstehen."

Die weißen Schlangen am Himmel, die Chemtrails und das Auflösen dessen was versprüht wird, ist ganz einfach. Hört auf eure Kinder! Sie zeigen euch wie das geht!

Hebt eure Hand Richtung Flieger und schneidet ihnen symbolisch einfach das ab, was herausgespürt wird. Als würdet ihr symbolisch den Streifen in Stücke schneiden. Ich bete vorher und bitte, dass es funktionieren darf, wenn Gottvater es erlaubt. Und?

Jepp! Es klappte wunderbar!

Kommen wir wieder zu Sabine: Sie hatte eine wunderbare Idee für die Regentonnen im Garten. Wenn wieder viel gesprüht wurde, war ein komischer schmieriger Belag auf dem Wasser. Flugs Schungit, Zeolith und schwarzes Turmalin Gestein hinein und ein Auflösungsgebet dazu. Man konnte fast zusehen, wie das Wasser sich transformierte. Nach einer Stunde konnte es wieder zum Blumen gießen genommen werden. Ich mache es noch etwas anders: Ich habe auch Schungit und Zeolith im Wasser, aber ich segne jede Gießkanne voll des Wassers noch einmal separat „im Namen unseres geliebten VATERS in Jesus Christus, auf dass das Wasser den Pflanzen gut tue, Amen, Amen, Amen!"

Unsere Pflanzen wachsen wunderbar.

Ich sprach mit Sabine und vielen anderen auch über das Schneckenproblem in diesem Jahr.

Ich möchte euch die Tipps nicht vorenthalten, denn die Nahrung aus dem Garten kann sehr wertvoll noch werden und unverzichtbar und wer möchte schon, dass die Schnecken alles abfressen?

Tipp Nr.1: Die Schnecken am Abend und am frühen Morgen absammeln und in ein Gefäß geben. Dann entweder im Wald auf einer Wiese aussetzen, wie es Christiane immer macht oder sie den Gänsen als Futter reichen, wie es Christa macht. Bitte nicht zum Nachbarn rüber werfen. Da würde dann das Resonanzgesetz in Kraft treten und etwas Negatives würde zu euch zurückkommen.

Tipp Nr.2: Ein Glas oder eine Vase mit Bier füllen, dass lieben sie und krabbeln herein. Diesen Tipp gab mit Margarethe. Ich weiß aber nicht, was dann mit den Schnecken passiert, da ich nicht weiter nachgefragt hatte.

Tipp Nr.3: Dieser gefällt mir ganz gut. Man stellt Tontöpfe oder auch aus Kunststoff verkehrt herum auf und an einer Stelle hebt man sie an, sodass die Schnecken darunter krabbeln können, da sie tagsüber schlafen. So kann man sie gut zusammen mit dem Topf an einen Platz bringen, wo sie nicht stören (Wiese im Wald z.B.).

Tipp Nr.4: Klappte früher ganz gut, heuer ist es etwas anders. Mit der Gruppenseele der Schnecken sprechen und ihr ein bestimmtes Fleckchen Erde (z.B. mit extra gepflanztem Salat dafür) zuordnen, den sie fressen dürfen, aber alles andere in Ruhe zu lassen.

Es gibt sicherlich noch weitere Möglichkeiten, aber das sind die vier, die ich erfahren habe.

Kommen wir wieder zurück zu Sabine und ihren Tipps:

Sie hat leider nur einen kleinen Garten, den sie auch ein Stück mit Rasen bepflanzt hat, so dass sie improvisieren musste, um Gemüse zu ziehen. Da sie auch intuitiv handelt, begann sie mit Kübeln zu experimentieren. Kübel oder Eimer muss man nicht unbedingt neu kaufen. Auch alte Farbkübel sind ausgewaschen dafür nutzbar.

Fangen wir jetzt mit den am Anfang erwähnten Kartoffeln an:

Sabine sagte, dass sie zuerst unten ein paar Löcher mit der Bohrmaschine von ihrem Mann hineinbohren ließ, damit später überschüssiges Wasser abfließen kann. Dann kam eine Schicht Erde hinein und darauf die Saatkartoffeln. Diese wurden mit einer Schicht Erde bedeckt. Nicht zu nass halten! Wenn jetzt die ersten Knospen herauskommen, wieder eine Schicht Erde darüber geben. Und dann kann man die Kartoffeln wachsen lassen. Sie brauchen etwa 3 Monate bis zur Ernte. Wenn ihr jetzt jeden Monat solche Kübel mit Kartoffeln anpflanzt, habt ihr das ganze Jahr über Kartoffeln.

Gleiches kann man mit allen Gemüsesorten machen und sie in Kübeln ziehen.

Vorteil: Ihr habt keine Schnecken, die alles wegfressen und ihr könnt sie auch auf dem Balkon, der Terrasse, dem Wintergarten oder auch dem Treppenhaus ziehen. Nicht zu kalt und Licht und nicht zu viel Wasser sind dabei die Grundvoraussetzungen.

Sabine sagte was von: Bohnen, Möhren, Topinambur, Tomaten, Gurken, Knoblauch, Zwiebeln…

Experimentiert einfach mal!

Ich habe dieses Jahr aus 6 Europaletten ein Hochbeet in weniger als einer Stunde gebaut. Der Untergrund war Asphalt. Gefüllt wurde es mit Zweigen, Blättern von letztem Herbst und verschiedenen Sorten Erde. Im Frühjahr kamen Tomaten, Zucchini, verschiedene Kräuter und eine Paprikapflanze hinein, da jetzt noch wächst und gedeiht. (Heute ist der 21.Oktober 2018.) Wir hatten ja einen wunderbaren Sommer hier im Großraum Allgäu.

(Lebens)notwendige Dinge bevorraten

Einige Bekannte von uns meinten, dass Medikamente für kranke Menschen ganz wichtig seien.

Menschen, die Diabetiker sind, an Bluthochdruck leiden oder Demenz haben, um nur ein paar Krankheiten zu nennen.

Diese Risikogruppen sollten immer genügend ihrer lebensnotwendigen Medikamente daheim haben, falls es einmal kurzfristig zum Engpass kommt.

Diese Situation kann in nächster Zeit passieren!

Es gibt kein Land mehr auf der Erde, das nicht verschuldet ist. So, wie es im Augenblick ist, geht es auch nicht weiter!

Denkt daran, dass es viele Dinge gibt, die ihr trotz Krise ständig braucht:

Toilettenpapier, Taschentücher, Tampons oder Binden für Frauen, Männer eventuell Rasierzeug, falls sie keinen Bart wollen, Besteck, Trinkgefäße, Teller, Töpfe, Pfannen, Pflaster, Verbandszeug, Streichhölzer oder Feuerzeuge, Taschenmesser, eventuell Dosenöffner, Kerzen, Batterien, eine Uhr, Schlafsäcke, eventuell Zelte, Thermomatten, wetterfeste Kleidung, zum Thema Kochen, Nahrung und Wasser hab ich ja schon einiges geschrieben, Zudecken, Desinfektionsmittel, Universalklebeband, Allwetterklebeband, Seife, Handwaschpaste für stärkere Verschmutzungen, Kompass, was zum Lesen, eventuell Musikinstrumente wie eine Blockflöte oder Mundharmonika zum Aufheitern der Menschen...

Um nur Einiges zu nennen...

Hin und wieder erwähne ich bewusst manche Dinge doppelt, da es sich dann besser einprägt.

Unser Naturwesenfreund Hutzlibub möchte im nächsten Kapitel eine weitere Möglichkeit eines Szenarios, welches möglich ist, erzählen...

Ich soll euch, liebe Leser, darauf hinweisen, dass allein schon dadurch, dass es jetzt geschrieben wird, ins Gedächtnis der Erde geht und positive Veränderungen bringen kann.

Beobachtungen

Wir freuen uns, euch eine weitere Geschichte zu erzählen. Die Handlung im Außenrahmen ist fiktiv, aber lest zwischen den Zeilen...hihihi

Herr Mayer hatte ein kleines Häuschen und noch 50.000 Euro abzuzahlen. Sein Job war sicher, da er in einer Bank am Schalter arbeitete.

Eines Tages kamen zwei junge Leute in die Bank. Ein Punker und ein normal gekleideter Mann.

Instinktiv wollte man den Punker hinausweisen lassen, doch der junge Mann mit Anzug und Krawatte verteidigte ihn.

Ob er denn was getan hätte, fragte er die Bank-angestellten und meinte weiter, dass doch jeder Mensch egal wie er gekleidet sei, Geld holen oder einzahlen könnte.

Ein Gemurmel wurde laut und letztlich ließ man den Punker an den Schalter zu Herrn Mayer.

Der Punker legte einen 500 Euro Schein hin und meinte, er wolle ihn gewechselt haben in lauter 5 Euro Scheine. Herr Mayer war irritiert. Das hatte noch niemand von ihm verlangt. Er antwortete, dass das nicht möglich sei und ob es auch 10 Euro Scheine sein könnten. Der Punker willigte ein. Als er die Scheine vorgezählt bekam, sagte der Punker dann laut zu Herrn Mayer: „Ach wissen Sie, guter Mann, wenn jetzt die Währungsreform kommt, kann es ja sein, dass nur noch kleine Scheine in Deutschland angenommen werden." Er packte das Geld ein und verließ die Bank.

Der gut gekleidete junge Mann war als nächster an der Reihe und sagte im Flüsterton zu Herrn Mayer: „Urteilen sie niemals über einen Menschen nach seiner Frisur oder dem Outfit. Der Punker hatte eine wunderbare Aura und er ist ein guter Mensch. Seine gesamte Ausstrahlung reichte bis zur Tür hinüber. Ich glaube, er wollte euch nur testen. Bittschön, geben Sie mir doch für diesen 10 Euro Schein hier 10 einzelne Markstücke."

Herr Mayer war total perplex! Was ging da denn ab?

Der Kollege vom Nachbarschalter hatte alles mitbekommen und sagte in leiser, aber doch verständlicher Sprache: „Noooooch,....haben wir den Euro."

Der junge Mann lächelte, steckte den 10 Euro Schein wieder ein und sagte: „Geht doch. Von wegen alle Banker sind Geheimniskrämer." Dann verließ er die Bank.

3 Wochen später war Währungsreform. 5000 Euro pro Person wurden 1:1 umgetauscht. Das Gehalt auf den Konten auch. Die Sparguthaben wurden eingefroren, ebenso die Lebensversicherungen.

Überraschenderweise ließen sich viele Deutsche das so über sich geschehen. Die Supermärkte hatten schon seit Jahren keine Preisbezeichnung mehr in Euro an den Regalen gehabt.

Schulden und Hypothekendarlehn wurden 1:1 umgerechnet.

Die Deutschen wollten ja ihre geliebte DM wiederhaben; doch diese hatte einen Pferdefuß... Sie konnte in gewissem Grade „nach Hause telefonieren"...

Ah, jetzt, ja... Was soll uns diese Geschichte, oder ist es eine Parabel, sagen?

Wer Augen hat, der schaue sich alles genau an und beobachte...

Der weiße Baryt – ein ungewöhnlicher Heilstein

„Johannes, hast du schon einen weißen Baryt aus Madagaskar?" fragte mich vor einiger Zeit eine Bekannte, als sie uns besuchte.

Ich bejahte, ließ mir aber trotzdem die hochinteressante Geschichte des weißen Barytes erzählen.

„Er ist ein wunderbarer Heilstein. Ich habe immer einen bei mir und wenn wir Auto fahren, ist auch immer einer mit dabei. Er hält Elektrosmog von dir fern und absorbiert gefährliche Strahlungen."

Ich war neugierig geworden. Unsere Bekannte ging zum Auto und holte diesen Stein. Er war um einiges größer als der Stein, den ich hatte.

In der Tat hatte er eine wundervolle Ausstrahlung. Da sie mehrere davon hatte, schenkte sie mir diesen, was mich sehr erfreute. Als Dank schenkte ich im Gegenzug einen farbprächtigen, recht seltenen Flamingo Stein, der auch interessante Energien hatte und zu Unrecht, wie ich finde, so unbekannt ist.

Mittlerweile habe ich einige der Baryt Steine bekommen und zwei Stück liegen im Schlafzimmer, einer hier am Computer, direkt vor dem Monitor, einer im Auto und einer beim Fernseher.

Ich habe dann Experimente mit Trinkwasser gemacht. Einen weißen Baryt in Leitungswasser gegeben. Schon nach kurzer Zeit fing er an zu perlen und Energiebläschen bildeten sich. Das Wasser schmeckt erfrischend gut und ich bekam gesagt, dass er ein guter Zusatz zu dem Schungit, dem Zeolith und den anderen Kristallen wie Bergkristall, Rosenquarz, Orangencalcit, schwarzem Turmalin oder Amethyst ist.

Trägt man den Baryt am Handy oder in dessen Nähe beim Telefonieren, so hält er dessen Strahlung vom Körper fern.

Der weiße Baryt aus Madagaskar muss auch nicht gereinigt werden, sondern macht es selber, im Vergleich zum roten, gelben oder blauen Baryt.

Er ist ein wichtiger Stein für Survival oder/und die Krise, die kommen kann.

Weiße Baryte sind nicht so häufig zu bekommen. Trotzdem ist er es wert und ganz wichtig!

Die wichtigsten Pflanzen, die bei uns heimisch sind und uns gut tun

Bärlauch: wächst im Frühling. Er fördert die Verdauung, verhindert Arteriosklerose und senkt den Blutdruck. Vorbeugend bei Herzinfarkt und Schlaganfall. Schmeckt ähnlich intensiv wie Knoblauch. Ideal roh essen oder aufs Brot.

Gänseblümchen: wächst vom Frühling bis zum Herbst. Kann so von der Wiese gegessen werden. Ideal auch zur Teezubereitung: Hilft gegen: Husten, unreine Haut, bei hartnäckigen Wunden, regt den Stoffwechsel und den Appetit an.

Ringelblume: wächst im Sommer und manchmal bis in den Herbst. Sie ist antibakteriell und entzündungshemmend. Als Tee gut bei Kopfschmerzen, Entzündungen der Haut. Auch als Salbe fast universell einsetzbar.

Johanniskraut: wächst vom Frühling bis in den Herbst hinein. Ich habe einen besonderen Bezug zu dieser Heilpflanze. Man kann sie auch gut als Tee biologisch kaufen, da die meisten Pflanzen an Straßenrändern stehen. Hilft gegen fast alle „Wehwehchen". Ein „Allrounder" sozusagen...

Kamille: wächst von Frühling bis Sommer. Braucht viel Sonne. Roh essbar. Als Tee superbekannt. Hilft auch bei vielen „Zipperlein".

Holunder (Holler): wächst von Frühling bis Herbst. Im Garten sind sie sehr gut! Blüten einfach ins Wasser legen. Schmeckt fantastisch! Holunder ist eine starke Schutzpflanze. Wenn ihr auf jede Ecke eures Grundstücks einer Holler pflanzt, ist euer Grundstück energetisch geschützt!

Zitronenmelisse: wächst im Frühling und Sommer. Starke, wohlriechende Heilpflanze gegen viele „Wehwehchen". Auch als Tee ein Gedicht!

Brennnessel: wächst vom Frühjahr bis zum Herbst. Ideal als Salat oder in den Tee. Starke Heilpflanze.

Salbei: wächst von Frühling bis Herbst (oder im Topf das ganze Jahr im Haus möglich). Wunderbare Heilpflanze.

Hagebutte: wächst im Herbst. Sehr reich an Vitamin C. Das ganze Jahr über als Tee zu bekommen.

Schafgabe: wächst überwiegend Ende Frühjahr und den Sommer über. Starke Heilpflanze!

Thymian: wächst das ganze Jahr über bei uns (im Topf auf der Fensterbank). Draußen von Frühling bis Herbst. Gut bei Husten, Heiserkeit, Bronchitis, entzündungshemmend. Wunderbare Heilpflanze!

Löwenzahn: wächst von Frühling bis Herbst. Die Blütenköpfe und Blätter für Salat oder Tee. Die Stiele pur essen, 5 Stück am Tag reinigt den Körper von innen und hilft, Giftstoffe auszuscheiden. Man kann es auch ansetzen mit Wodka und dann tropfenweise zu sich nehmen.

Zwiebel: vom Sommer bis zum Herbst. Die Zwiebel ist auch ein vielseitiges Heilmittel. Gut bei Stichen zum Einreiben damit. Sie ist antibakteriell, schleimlösend und wohltuend.

Knoblauch: wächst im Herbst. Ein wunderbares Heilmittel, vielseitig einsetzbar! Hilft auch gegen Angriffe der dunklen Seite, da die keinen Knoblauch mögen...

Kapuzinerkresse: wächst im Sommer. Ideal für den Salat. Hilft bei Erkältungen und reinigt das Blut.

Karotten: wächst im Sommer und Herbst. Sehr nahrhaft und lecker. Hilft bei verschiedenen „Wehwehchen".

Lauch: wächst vom Herbst bis Ende des Winters. Vielseitiges Hilfsmittel. Schmeckt wunderbar.

Des Weiteren sind im Garten sehr oft heimisch:

Zucchini, diverse Kürbissorten, Äpfel, Birnen, Pflaumen, Topinambur, Erdbeeren, Himbeeren, Stachelbeeren, Johannisbeeren, Petersilie, Rosmarin...

Schungit – der wunderbare Heilstein

Jetzt schreibe ich ein eigenes Kapitel über den Schungit.

Dieser Stein stammt aus Karelien, dem Land zwischen Finnland und Russland.

Ich habe den Schungit schon einige Jahre im Einsatz und dieser Stein ist für die Jetztzeit, aber auch für Krisenzeiten fantastisch.

Schmutziges Wasser aus Pfützen oder Bächen wird innerhalb von 2-3 Tagen durch hinzufügen von Schungit gereinigt, trinkbar und: energetisch aufgeladen.

Ins Badewasser kommt nur Schungitgestein mit hinein, sonst nichts. Ich fühle mich danach völlig erfrischt und energetisch gestärkt.

Es wurde auch der Hand- und Fußtest gemacht. Dabei schüttet man etwa 2 kg Schungitsplitt in eine Schale oder Schüssel und stellt sie vor sich hin. Jetzt werden die vorher gewaschenen Füße wie beim Fußbad hinein-gestellt. Man kann es im Sitzen oderstehen ausführen. Im Stehen kann es schon etwas anstrengend sein, da ähnlich einem Nagelkissen, alle Punkte unter der Fußsohle in Bewegung gebracht werden und auch Reaktionen im Körper ablaufen. Mit den Händen geht das auch (für Menschen die etwas sensibler oder auch älter sind).

Wie ich schon schrieb, ist bei uns in jeder Wasserkaraffe Schungitstein mit enthalten, in der Hosentasche ein Stein und wir tragen ihn auch als Anhänger.

Meine Energie war vor dem Tragen des Schungit sehr hoch, aber irgendwie spüre ich, dass es noch eine Steigerung gab. Gravierend waren die Unterschiede bei Menschen, deren Schwingung nicht so hoch war. Sie erlebten fast einen Quantensprung in der Weiter-entwicklung.

Schungit liegt auch mit im Auto, in den Regentonnen im Garten, in den Gießkannen für die Blumen und unsere Freunde und Bekannte kriegen als Geschenk immer Schungit von uns.

Wir empfehlen mindestens 2 kg Schungitsplitt zu kaufen. Wir haben damals mit 3 kg angefangen.

Ach ja, unter dem Kopfkissen liegt er auch bei uns...

Die Molekülstruktur, die man Fulleren nennt, besitzen die Fähigkeit, alle möglichen Giftstoffe im Wasser zu binden und sie dann auch noch auszuleiten.

Nach dem Trinken eines Glases Schungitwasser fühlt man seine Lebensenergie verstärkt.

Wie ich schon schrieb, ist für uns die optimale Zusammensetzung für Krisenzeiten, dass man überall Schungitsplitt dabeihat, gepaart mit Klinoptilolith Zeolith in kleinen Steinen oder als Pulver. Dazu gebe ich noch einen weißen Baryt aus Madagaskar.

Das Wasser ist jetzt nicht nur bestens energetisiert, sondern auch wohlschmeckend und aufbauend.

Es wird außerdem ganz weich und schmeckt „süffig".

Wer möchte, kann jetzt noch 2-3 Tropfen Schwedenkräuter oder Schwedenbitter hinzufügen.

Es hat dann einen ganz leicht bitteren Geschmack, aber alle Vitamine und Spurenelemente auf feinstofflicher Basis.

Die Krönung kommt durch weiteres Tüfteln:

Mit einem Silberlöffel oder einem 24 Karat vergoldeten Löffel könnt ihr jetzt das Wasser auch noch weiter feinstofflich energetisieren. Einfach im Uhrzeigersinn das Wasser ein paar Mal umrühren. Probiert es aus und testet es. Ein wundervolles Gefühl! Wir haben in unserem Survival- oder Wanderrucksack sowohl Schungit, Zeolith, Baryt, als auch den Silber- und Goldlöffel dabei. Man weiß ja nie…

Das energetische Band

Energie fließt fast überall. Doch wie kann man sie bändigen?

Ich tüftelte mal wieder im Garten und legte aus Bergkristall Steinen einen Kreis und stellte mich hinein.

Wow! Da ging die Post ab! Die Schwingung erhöhte sich und ich wurde mit meiner eigenen Energie konfrontiert! Danach legte ich eine liegende Acht und stellte mich hinein. Auch hier erhöhte sich die Schwingung merkbar.

Der nächste Versuch war die Sonne. Wieder ein Kreis aus Bergkristallsteinen. Man kann auch Kieselsteine oder ähnliches nehmen, nur gab es im Baumarkt 25 kg Bergkristallstücke im Beutel für kleines Geld und da griff ich gleich zu. Ideal zum Tüfteln und Energiebilder im Garten zu legen. Ich stellte fest, dass es ausreichte, wenn diese Symbole oder Kreise nur wenige Stunden dort lagen, um die Energie ins morphogenetische Feld dieses Platzes zu verankern. Zurück zur Sonne.

Weiter stellte ich fest, dass die Zahlen-Numerologie mir jetzt behilflich war. Mit 9er Schwingungen hatte ich die besten Erfolge.

Ich legte ein Sonnensymbol wie folgt: Der Kreis bestand aus 36 Bergkristallsteinen. Dann kamen 9 Strahlen an die Reihe und jeder Strahl bestand wieder aus 9 Steinen.

Was soll ich sagen?

Die Energie war gigantisch hoch! Ich ließ den Steinkreis 6 Monate liegen.

Es war danach ein Kraftplatz entstanden!

Die Energie war wunderbar hoch!

Das Phänomen mit der Sonne probierte ich im Kleinen mit Glassteinen im Haus aus.

Bingo! Das gleiche Resultat! Nur die Energie war etwas niedriger als bei den Bergkristallen.

Danach legte ich einen 9er Steinkreis aus Bergkristall in meinem Arbeitszimmer und stellte einen Stuhl hinein.

Was soll ich euch sagen?

Es funktionierte! Man bekam eine Schwingungs-erhöhung und wurde gleichzeitig mit seinen eigenen Energien konfrontiert und ich fühlte mich pudelwohl.

Klar wurde das Experiment erweitert: Jetzt kam das Bett dran. Um das Bett herum wurden die Steine gelegt. Es klappte zwar, aber man kam immer wieder an einen Stein beim Ein- oder Aussteigen. So nahm ich eine Kordel und ersetzte so die Steine.

Es ist jetzt eine Wohltat im Bett zu schlafen. Im Auto wurde auch so ein Kreis mit einer Kordel um Fahrer- und Beifahrer gezogen.

Ich habe mir dann gedacht:

Was real geht, muss auch geistig funktionieren bzw. auf dem Papier.

Also wurde ein Kreis um das ganze Haus gezogen. Da wir alleine ohne Mieter drin wohnen geht das. Ansonsten braucht man das Einverständnis der Mitbewohner.

Natürlich funktionierte es ganz vorzüglich!

Meine nächste Idee ist es, geistig einen Schutz gegen Fliegen, Mücken oder Schnaken zu machen.

Klappt auch und zwar folgendermaßen:

Ihr öffnet euer Fenster und stellt eine geistige Lichtsäule in den Fensterrahmen und bittet im Gebet darum, dass nichts in euer Haus fliegen darf, was euch schadet oder belästigt. (Ein Fliegengitter hilft natürlich auch)

Bei einem Freund von mir war es so: Die Wespe flog Richtung geöffnetes Fenster und prallte tatsächlich an der Lichtwand ab, fiel nach unten und flog von dannen...

Ihr seht, vieles ist möglich. In Krisenzeiten ein guter Schutz!

Der Kreis muss übrigens nicht akkurat sein, er kann auch „Frei Schnauze" wie man so schön sagt, gezeichnet werden.
Wichtig ist aber, dass er geschlossen ist, sonst wirkt er nicht richtig.

Ein Test mit einer leeren, unbespielten CD am Autospiegel innen hat ergeben, dass die Schwingung sich im Auto änderte.

Wenn ihr jetzt euren Stellplatz zuhause mit so einem Kreis mit Kreide aufmalt und dann die geistige Welt bittet, dass die Energie bleibt, so wird auch dort der Kreis ein Energiefeld aufbauen und euer Auto schützen, wenn es dort steht.

Ihr seht, es gibt viele Möglichkeiten in der Jetzt Zeit oder auch in Krisenzeiten positive Dinge zu tun.

Haltet eure Hände bewusst imaginär über das Firmament der Erde.

Wundert euch nicht, was dann Positives geschehen kann...

Kontakt zur Natur und den Naturwesen

Ja, lieber Leser, jetzt kommt das Lieblingsthema unserer kleinen Naturwesenfreunde und sie möchten auf die Jetzt-Zeit und die Zukunft eingehen.

Hutzlibub, der kleine Wichtel, Adalbert und Bertelbart als Vertreter des Zwergenreiches, Fee Linde – die Beschützerin der Lindenbäume, Elfi, die kleine Elfe, ein Vertreter aus dem Reich der Orbs und ein Ent, ein Baumbeschützerwesen, möchten dazu etwas jetzt live sagen. Alle sind jetzt anwesend und freuen sich, etwas zum Thema beizutragen. Ich bin bereit. Los geht's!

Hutzlibub: Gott zum Gruß, liebe Leser und Freunde. Ich darf anfangen, wurde mir signalisiert. Ich bin ganz aufgeregt! Heute ist der 21.10.2018. Wir sind hier im Großraum Allgäu und draußen ist es herrlich warm! Der Supersommer hält immer noch an, aber es soll kälter werden in den nächsten Tagen. Flora wird erst am Abend etwas einheizen, damit wir alle es schön warm haben. Das ist lieb gemeint, aber nur Johannes kann die Wärme gebrauchen. Wir sind ja in einer anderen Frequenz zu euch Menschen, hihihi. Ja, ich nutze diesen Übergang um zum diesjährigen Wetter zu kommen. Dass es keinen Zufall gibt, hat Johannes ja schon oft genug gesagt und deshalb gehe ich da auch nicht drauf ein. Ihr solltet aber wissen, dass das Wetter nicht komplett manipuliert wird. Nein, nein! Ein Großteil dessen, was am Himmel und auf der Erde geschieht, sind Resonanzen von euch Menschen, ja, ja! Es hat damit zu tun, was ihr fühlt, wie ihr „drauf" seid, salopp gesagt und welche Emotionen und Gedanken ihr denkt, sagt und: versendet! Wenn ihr wüsstet, was ihr da den ganzen Tag über für tausende von Gedanken habt, von denen ihr nur die wenigsten aussprecht! Glaubt es ruhig, denn so ist es! Nun sind viele Helferwesen hier z.Zt. inkarniert, die der liebe Gott geschickt hat. Aber alle sind freiwillig da! So stark ist deren Liebe zu Gottvater, zu unserer geliebten Erde und zu allem, was hier lebt. Diese Engel, möchte ich mal sagen und damit meine ich alle Helfer gesamt genommen, bezeichne ich damit, denn wer bewusst gute Dinge aus Freude und Überzeugung leistet, ist für mich ein

Engel, egal ob als inkarnierter Mensch, als treuer Hund, als Naturwesen oder als starker Baum, um nur ein paar zu nennen. Alles arbeitet Hand in Hand und deshalb ist es so wichtig, dass die Menschheit es endlich versteht! Das Gleichnis vom „hundertsten Affen" wird in Bälde auch bei den Menschen einsetzen, dass die Schwingung weiter so hoch wird, dass über das Gedächtnis der Erde dann auch das Massenbewusstsein alle positiv denkenden Menschen erreicht und gleichzeitig vieler wankelmütiger Denker, aber auch Skeptiker zur Umkehr kommen lässt, dass dann sozusagen aus „Saulussen" dann „Paulusse" werden, um es einmal biblisch auszudrücken. Glücklicherweise kann ich jetzt das volle Repertoire von Johannes´ Sprachschatz benutzen, da er mir erlaubt hat, dieses zu tun. Durch unser langjähriges Zusammensein und dem täglichen Umgang und der Verbindung zur universellen Datenbank, ist es mir mittlerweile gelungen, mich menschlich auszudrücken, was ich früher nicht so gut konnte. Das trifft wohl auf alle Redner heute zu, wobei es doch Nuancen verschiedenster Art gibt. Achtet einmal darauf...

Bertelbart: Gehabt euch wohl und einen Gott zum Gruß, ihr lieben Leser! Auch dieses nette Zusammensein heute geht genauso ins Gedächtnis der Erde ein und bewirkt, dass viele Menschen damit verbunden werden. Unabhängig davon, ob sie dieses Buch hier lesen oder nur ihren Gedankenfocus auf diese Thematik lenken. So ist es auch zu erklären, dass viele Tüftler und Erfinder fast zeitgleich gewisse Dinge „er-finden", da sie die Eingebung und Hilfe zum einen Teil von „oben" bekommen und zum anderen Teil aus dem Erdgedächtnis.

Adalbert: Ich grüße euch auch auf das Freudigste und möchte euch sagen, dass ich jetzt mein Hauptaugenmerk auf den Kontakt zu den Naturwesen lenken möchte. Da ich zur Gattung der Zwerge gehöre und etwa 80 cm groß bin, kann ich gut aus unserer Warte eine Sichtweise präsentieren. Die Menschen bezeichnen kleinwüchsige Menschen gerne als Zwerge oder Liliputaner. Für diese Menschen ist es oft eine Belastung. Doch wer fragt uns, wie wir dazu stehen? Nun: Die ganze Situation entstand in der Zeit, die ihr Mittelalter nanntet. Damals gab es viele Menschen, die uns sehen konnten. Dass es überwiegend ärmliche, treue Seelen waren, spielt eine große Rolle. Dichter und Träumer gehören aber auch genauso dazu wie Romantiker, die immer wieder den Weg zu uns fanden. Bewusst oder unbewusst. Den Überlieferungen und Schilderungen dieser Menschen ist es nämlich zu verdanken, dass wir in Märchen, Gedichten und Sagen Einlass fanden. Und da wir etwa 70 bis 80 cm groß sind, bekamen kleinwüchsige Menschen oft den Titel: Zwerg. Warum ich euch das sage ist schnell erklärt: Ich möchte euch dadurch um mehr Toleranz allen Lebensformen gegenüber bitten. Wir Zwerge haben mit unserer Größe kein Problem und auch die Wichtel mit ihrer kleinen Größe nicht. Die Körpergröße, die Figur, das ganze Aussehen inklusive der Hautfarbe ist überhaupt nicht wichtig, sondern nur die Seele! Sie steuert alles! Kommen wir zurück zum Mittelalter: Aus Armut oder romantischer Träumerei kamen viele Menschen in den Kontakt zu den Naturwesen. Und auch heutzutage und in naher Zukunft wird es wieder so sein! Immer mehr spirituell denkende und lebende Menschen erwachen und möchten unsere geliebte Erde nicht verletzen oder

„zumüllen", wie es Johannes so gern sagt. Sie möchten Gutes tun und so ebnen sich viele den Kontakt zu uns. Dieser ist aber sehr oft „nur" geistiger Art. Die wenigsten von euch können uns sehen. Aber das ist gar nicht so wichtig! Das „innere Sehen" reicht vorerst einmal! Ihr spürt, dass wir da sind, um euch zu helfen und das reicht oft erst einmal. Viele Naturwesen ebnen dadurch den Schutzengeln und Helferengeln aus der geistigen Welt den Weg.

Orb: Ich bedanke mich bei dir, Johannes, dass ich auch sprechen darf. Schon in dem Buch deiner Frau, Flora Bella, kamen wir durch dich, Johannes, als Vermittler, zu Wort. Seid euch im Klaren, liebe Menschen, dass es ein besonderes Privileg für uns alle hier ist, jetzt in dieser besonderen Zeit, auf Erden zu leben. Auch wir Orbs, wie ihr uns nennt, sind Energiewesen. Durch eure Digitalkameras seid ihr in der Lage, uns zu fotografieren. Doch unsere wahre Form, in voller Farbe, zu sehen, gelingt bisher nur wenigen Menschen. Man muss dazu eine besondere Schwingung haben. Kein Stress, absolut innere Ruhe und totales Gottvertrauen sind dabei von Nöten. Flora Bella beschreibt diesen Prozess ausgiebig, so dass ich hier auf ihr Buch verweisen möchte, wen es interessiert. Zurück zum Zeitgeschehen! Ihr möchtet wissen, warum es manchmal so viel regnet? Nun, unsere geliebte Erde weint dann sehr viel! Das ist ein Faktor und der andere teilt sich auf in Bewusstseins Kontrolle der dunklen Seite und Gedankenmuster der Menschheit. Ihr seht schon an den wenigen Sätzen, wie komplex dieses Thema eigentlich ist! Versucht doch einfach mal, unsere geliebte Erde symbolisch in den Arm zu nehmen. Für die unter euch, die es sich nicht vorstellen können: Haltet eure Hände über das Firmament unserer geliebten Erde, denn das ist ihr Schutzdach. Ich glaube, dass die meisten von euch ihre leibliche Mutter lieben. Ob sie jetzt noch lebt oder schon heimgegangen ist. Wenn ihr es schafft, unsere geliebte Erde auch mit dieser Energie zu lieben und umarmen, würden in kürzester Zeit ein Quantensprung an positiver Entwicklung hier auf Erden geschehen.

Wir manifestieren jetzt diesen Satz:

WIR UMARMEN UNSERE GELIEBTE ERDE JETZT SO INTENSIV UND VOLLER LIEBE, WIE WIR ES BEI UNSERER MUTTER TUN.

WIR UMARMEN UNSERE GELIEBTE ERDE JETZT SO INTENSIV UND VOLLER LIEBE, WIE WIR ES BEI UNSERER MUTTER TUN.

WIR UMARMEN UNSERE GELIEBTE ERDE JETZT SO INTENSIV UND VOLLER LIEBE, WIE WIR ES BEI UNSERER MUTTER TUN.

Spürt ihr schon, wie es funktioniert? Super! Ich freue mich mit euch und allen Helfern hier auf Erden, egal wo sie auch sind!

Fee Linde: Liebe Leser, einen Gott zum Gruß! Ich habe eine wichtige Funktion hier auf Erden und betreue alle Lindenbäume. Voller Freude habe ich in letzter Zeit mitbekommen, wie viele neue Lindenbäume gesetzt und gepflanzt wurden und jeder Baum bedeutet ein Stück Lebenskraft und Energie! Nachdem ich Johannes und Flora oftmals darum bat, doch eine Linde zu pflanzen, sind jetzt zwei Bäume auf dem Grundstück, was mich sehr froh macht. Ich bitte euch jetzt inständig: Nehmt Kontakt zu Bäumen auf!

Egal, ob sie dick oder dünn, prächtig gewachsen oder eher verkrüppelt sind, da sie beispielsweise auf einer Erdverwerfung stehen. Alle Bäume weltweit sind miteinander vernetzt. Wir, als höhere Beschützerwesen, bekommen auch all das Leid mit, was den Bäumen geschieht! Aber die Menschen sind erwacht! Der Umweltschutz wird immer stärker! Wusstet ihr, dass ausgerechnet Island eine Naturwesenbeauftragte hat? Diese liebe Frau ist selbstverständlich hellsichtig und vermittelt zwischen den Menschen und den Naturwesen. Dort werden nicht einfach Straßen willkürlich gebaut. Wenn Naturwesen darunter leiden würden, ein Kraftplatz von ihnen dort ist oder etwas anderes, was ihnen wichtig erscheint, dann wird die Straße anders gebaut. In Deutschland wäre so etwas bisher undenkbar. Es gibt keinen Zufall!!! Kennt ihr die 666 noch aus der Johannes Offenbarung? Jetzt in der Endzeit achtet bitte auf solche Hinweise… Erinnert euch doch bitte, was damals geschah, als der Vulkan mit dem fast unaussprechlichen Namen auf Island Feuer spie: Während der Vulkan spukte und angeblich den Luftraum nicht passierbar machte und so die Flugzeuge in Europa stillgelegt wurden, machte die Nato langgeplante Militärübungen. Ein Schelm, wer anders denkt… Aber: War es nicht wundervoll am Himmel? Kein Fluglärm und kein Krach. Saubere Luft und fast keine Chemtrails. Es war ein Vorgeschmack auf das, was demnächst kommt! Die Schwingungen erhöhen sich täglich! Alles was geschieht, ist ein lang geplanter Plan vom EWIGEN VATER, der den Menschen zwar einen freien Willen gegeben hat, aber gewisse Eckpfeiler stehen fest, die sich erfüllen werden. Aber durch die Kraft eurer Gedanken könnt ihr bestimmte Faktoren beschleunigen oder ändern. Fest stehen gewisse Dinge, doch der Zeitpunkt ist in gewisser Weise variabel. Genauso wie die Intensität der Naturkatastrophen. Es hängt vom Bewusstsein der Menschheit ab, wie stark das Ganze ausfällt. Deshalb ist jeder Mensch wichtig, der Gutes tut!

Ent: Auch ich möchte noch etwas dazu beitragen, ihr Lieben! Gott zum Gruß, erst einmal! Wir Ents haben es im Augenblick mit in der Hand, dass das Klima auf Erden geregelt wird. Ohne uns könntet ihr auf Dauer nicht atmen, aber das lernt ihr ja wohl im Biologie Unterricht, nehme ich an. Gerade deshalb ist es ja schlimm, dass dann ohne Rücksicht auf Verlust gesunde Bäume rigoros abgeholzt werden! Doch kommen wir jetzt zu einem erfreulichen Thema: Alle Menschen, die gut zu Bäumen sind, sie beispielsweise umarmen oder sie „nur" pflegen, sind bekannt! Jawohl! Wir kennen sie alle! In der Datenbank im Gedächtnis der Erde, zu dem wir auch Zugang haben, ist alles gespeichert! Ebenso wie diejenigen, die rücksichtslos Bäume fällen und töten. Sowohl die Auftraggeber als auch die ausführenden Menschen. Da alles miteinander in Verbindung ist und Gottvater den Menschen eine Freiheit namens „freier Wille" gegeben hat, sind sie aber auch an das Gesetz der Resonanz gebunden. Gutes kommt genau vielfach zu rück, wie es beim Negativen der Fall ist. Deshalb sollte sich jeder Mensch darüber Gedanken machen, was er sagt, tut und denkt.

Hutzlibub: Ich bin es wieder! Ich hab fast alle ausreden lassen, aber ich möchte noch kurz etwas Wichtiges sagen: Zu dem Thema wurde zwar schon etwas gesagt, aber ich möchte es gerne noch vertiefen, hihihi. Wir leben ja jetzt schon recht lange bei euch hier im Haus, Johannes und Flora, und wissen, was jetzt Priorität hat:

Die Menschen sollen Lebensinseln bauen oder erschaffen! Tut euch zusammen! Aber bitte keine strenge Hierarchie oder sektenähnlich, sondern frei im Einklang mit der Natur und seinen Helfern. Stellt euch nur vor, was ihr den anderen Menschen alles vorleben könntet! Denkt daran! Das Prinzip des „hundertsten Affen" passiert auch dort! Wenn Menschen friedlich ohne Druck in Gemeinschaften zusammenleben können, überträgt sich das dann auch ins große Geschehen! Erst sind es vielleicht wenige Lebensinseln. Hier im Allgäu wird eine entstehen, dann vielleicht drüben in Österreich, in der Schweiz usw. Aber nach und nach verbreitet sich diese Energie überall auf der ganzen Welt, denn die Menschen sich immer ans Gedächtnis der Erde angeschlossen und wenn einige so einen Gedanken von Freiheit und Einklang in der Natur hegen, werden sie automatisch mit denen zusammengeführt, die auch so denken! Denkt an den Satz: DER MENSCH DENKT UND GOTT LENKT!

Denn so ist es, jajaja! Das wollte ich nur kurz einflechten, hihihi!

Elfi: Schön gesprochen, Hutzlibub! Wahrlich wundervolle Worte, für die ich dir von Herzen danke! Euch liebe Leser, ein vergelt's Gott, dass ihr das jetzt lest oder damit verbunden seid. Ich kenne Johannes seit Anfang der 90er Jahre und wir haben viel zusammen erlebt! Ich wohne zwar nicht mehr im Allgäu, bin aber regelmäßig Gast, so wie heute auch.

Eigentlich ist schon fast alles gesagt, aber ich möchte noch einmal auf dieses wundervolle Wort eingehen, was Hutzlibub eben sagte: LEBENSINSELN.

Ja, der Ausdruck gefällt mir. Und solange es noch so wenige sind, die bisher solche LEBENSINSELN gebaut haben, ist der Ausdruck auch absolut passend, wie ich finde! Ich spüre gerade eine riesige Resonanz seitens der Naturwesen, die nur so draußen vor dem Fenster „kleben", um es mal in Johannes´ Sprachjargon zu sagen, da er sich erbeten hatte, dass nur wir hier im Raum sind, der nicht allzu groß ist und sich voll auf uns konzentrieren möchte. Bedenkt, dass er jetzt „live" alles tippt, was ich ihm im Kopf diktiere. Das ist meinem Erachten nach schon eine gewaltige Leistung!

Ich hatte ihn gerade animiert, einen Schluck Wasser zu trinken, was er auch brav befolgt hat. Ja, er hört schon auf das, was wir sagen, da er spürt, dass wir es gut mit ihm meinen. Flora nutzt gerade die Zeit, um sich um die Blumen und Pflanzen draußen zu kümmern. Es ist noch rechtwarm draußen, obwohl es auf 18 Uhr zu geht. Dieses Jahr gab es auch eine große Schnecken- und Ameisenplage bei vielen Menschen! Normal aus eurer Sicht ist das sicherlich nicht und deshalb möchte ich Ergänzungen zu den Schnecken Empfehlungen geben, die weiter vorne schon geschrieben wurden:

Mit Bier kann man sie sehr gut anlocken, das ist wahr! Aber ihr müsst sie ja nicht gleich ertränken. Etwas Bier in einer Schale lässt sie aus großer Entfernung kommen. Wenn ihr jetzt noch eine oder mehrere Bananenschalen mit Bier tränkt und an einer Stelle auslegt, wo die Schnecken keinen Schaden nehmen können, so kommen sie dorthin im „Eiltempo", wenn man das bei Schnecken überhaupt sagen kann und ihr könnt sie bequem einsammeln und dorthin umsiedeln, wo sie niemanden stören. Auch bei Schnecken wirkt natürlich das Resonanzgesetz! Sie bekommen schon mit, wenn sie „umquartiert" werden und auch, wenn sie brutal getötet werden. Sprecht mit ihnen und sagt ihnen, dass sie an einen anderen Platz kommen, wo sie eure liebevoll gezogenen Nahrungsmittel oder lieblichen Blümelein nicht einfach verspeisen! Aber bedenkt, dass in Zeiten des Hochmutes und Übermutes immer Plagen verschiedenster Art über die Menschen kamen!

Ihr braucht bloß ein wenig in der Bibel lesen...

Adalbert: Ja, das hast du auch sehr nett gesagt, liebe Elfenfreundin. Wir kennen uns ja auch schon recht lange.

Typisch erdverbunden, wie ich als Zwerg nun mal bin, möchte ich noch darauf hinweisen, dass die meisten spirituellen Menschen in ihrer Euphorie oft das ERDEN vergessen und das ist ganz, ganz wichtig!

Johannes hat es wirklich lernen müssen, hingegen ist Flora total geerdet, da sie auch viel mehr im Garten arbeitet. Habt ihr mal versucht, barfuß zu laufen? Ein fantastisches Gefühl! Ich möchte euch ja keine Angst machen, aber ein weltweites Chaos ist immer noch nicht „vom Tisch", salopp gesagt und dadurch immer noch möglich! Deshalb hat Johannes ja gesagt bekommen, er möge dieses Buch mit den verschiedensten Tipps und Ratschlägen auch schreiben.

Die meisten von euch kennen sicherlich das „Schlafen in der Natur" aus Kinder- oder Jugendtagen, wo es ein Erlebnis war, im eigenen Garten zu zelten oder auf dem Campingplatz, am See oder auch am Lagerfeuer einzuschlafen und barfuß zu laufen. Ich muss immer lachen, wenn Johannes dann symbolisch aus den alten Karl May Büchern erzählt, wie es damals war. Er hat alle Bücher oben in der Bücherei stehen und davon kann er sich auch schlecht trennen. Jedenfalls gibt es viele Erzähler, die mit der geistigen Welt beim Schreiben verbunden sind und so einer war auch Karl May. Deshalb ist Fiktion mit Wahrheitsgehalt dort wundervoll spannend verwoben. Zurück zur Barfußlauferei. Es ist eine wunderbare Erdung. Schlafen unter freiem Himmel ist in Chemtrail-Zeiten nicht immer ratsam. Vor allem, weil auch nachts gesprüht wird... Wenn aber tagsüber der Himmel frei ist, solltet ihr euch einmal an einem schönen Sommertag auf eine Wiese legen und lauschen, was ihr dort alles hört! Ihr werdet erstaunt sein! Wer dann noch in sich geht oder meditiert, könnte u.U. unsere geliebte Erde richtig lebendig spüren. Ich möchte noch eine kleine Geschichte aus Johannes´ Leben ausplaudern. Er hat es mir erlaubt, denn die Geschichte erklärt anschaulich, was ich meine.

Es trug sich zu im Jahre 1999. Dort weilte er auf der Kanareninsel El Hierro und in völliger Einsamkeit, mit frischem Wasser, etwas zum Essen und seiner Blockflöte ausgestattet, lebte er eine Zeitlang. Wenn er sich jetzt in die Natur setzte und seine mal melancholischen, mal heiter-fröhlichen Lieder auf der Flöte spielte, lockte er hunderte, manchmal tausende von Naturwesen an. Er hatte meistens die Augen geschlossen und während die irischen, schottischen, aber auch altdeutschen Volksweisen erklangen, begannen die Naturwesen oft dazu sich im Tanze zu drehen. War wieder ein schwer melancholisches Lied dabei, wurde abrupt aufgehört zu tanzen und Johannes bekam liebevolle geistige Unterstützung. Da er dieses meistens unbewusst spürte, kam gleich wieder ein fröhlicheres Lied durch die Flöte ans Licht der Welt.

Was ich euch damit sagen möchte ist: IHR SEID NIEMALS ALLEIN! Es gibt keinen Ort auf dieser Welt, wo ihr alleine seid!

Es gibt kein Getrennt Sein vom Schöpfer und seiner Helferschar!

Vielen Dank für eure Aufmerksamkeit! Gott zum Gruß!

Orb: Ich bin ganz gerührt über das, was ich gerade gehört habe. Ich möchte euch auch ermutigen in die Natur zu gehen. Ihr könnt euch auch schon einmal ein wundervolles Plätzchen suchen, wo ihr im Notfall hingehen könntet. Lasst euch einfach führen! Höhlen oder Verstecke unter Bäumen gibt es mannigfaltig Fach auf Erden! Wälder sind eure besten Freunde mit all ihren wundervollen Lebewesen! Im Wald ist man geborgen und kann wieder frei durchatmen! Jeder Spaziergang durch den Wald lässt eure Lunge mit wundervoller Energie füllen! Für die unter euch, die einmal Naturwesen fotografieren wollen, erzähle ich euch jetzt eine

Methode, die funktioniert: Wir Orbs halten uns gerne an Plätzen auf, die starke Energie haben, deshalb kann man uns sehr oft hier auf dem Grundstück antreffen. Doch zurück zum Wald: Geht in tiefer Ruhe in ihn hinein und lasst euch zu einem Platz führen, wo es etwas wild und verwahrlost aussieht. Auch an Bächen oder Teichen ist es wundervoll! Dort setzt euch hin und sprecht nichts. Versucht eins zu werden mit dem Wald und seinen Lebensformen. Nach einiger Zeit sprecht die Naturwesen telepathisch an. Habt keine Angst, sie verstehen euch sehr gut! Bittet sie jetzt, ob sie sich zeigen möchten und sagt ihnen, dass ihr sie fotografieren möchtet. Aber niemals am helllichten Tag mit Blitz fotografieren! Damit verschreckt ihr sie! Sie sind, was das betrifft, sehr sensibel, wie Johannes auch. Der mag das auch nicht. Und vielen anderen spirituellen Menschen geht es ähnlich. Wenn ihr jetzt Fotos macht, dann bedankt euch für die Freundlichkeit der Naturwesen, sich zu zeigen. Wenn ihr die Bilder dann am Computer betrachtet, schaut euch die Bilder mit den Augen eines Kindes an. Dann werdet ihr die Naturwesen auch entdecken. In den Ländern, wo die Menschen noch an Naturwesen glauben, also Irland, Wales, Schottland, Island, Norwegen, Schweden, Finnland, um nur die wichtigsten zu nennen, trifft man weit offenherzigere Naturwesen an als in Deutschland. Dort sind daher auch viel eher Naturwesen „auch so ohne Absicht" auf den Fotos zu sehen.

Adalbert: Ich möchte noch einmal darauf hinweisen, dass es jetzt wirklich wichtig ist, zu beten und Licht zu senden, gute Gedanken und positiv zu denken. Das schlimmste Szenario würden sonst bürgerkriegsähnliche Zustände sein können. Noch können wir sie aufhalten. Auf jeden einzelnen Menschen kommt es jetzt an! Da wir keine Angst schüren möchten, sagen wir auch nichts über die Unruhestifter. Am besten könnt ihr ihnen ihre Kraft Böses zu tun entziehen, in dem ihr allen Lebensformen gute Gedanken sendet, auch den Politikern und den Drahtziehern hinter ihnen. Die sind nämlich total verwirrt, wenn ihr versucht sie „heim zum Vater zu lieben". Diese Wesenheiten kennen keine Liebe, Freude, positive Gefühle. Sie kennen nur Macht, Hass, Aggression und ernähren sich davon! Sendet ihnen gute Gedanken und Energien, damit sie auch einmal darüber nachdenken lernen, dass es auch anders geht.

Wir wollen alle frei sein und im Einklang mit allem was lebt, in Frieden, Harmonie und glücklich zusammen- leben.

Ohne Kontrolle, Überwachung oder in Gefangenschaft. Wir alle, auf dem wundervollen Juwel Erde, haben es jetzt selbst in der Hand, etwas dazu beizutragen, dass alles positiv ausgeht und das Licht ein für alle Mal die Dunkelheit ebenfalls mit ausleuchtet und auch beginnt sie zu erhellen.

Fee Linde: Heute hat sich hier wirklich eine wunderbare Runde zusammengefunden und die Statements und Ratschläge sind mir tief ins Herz gegangen voller Freude und Zuversicht! Bedenkt, dass alles was jetzt hier niedergeschrieben wurde, automatisch im Gedächtnis der Erde gespeichert wird und zur Hilfe bereitsteht. Ruft ruhig alles Positive, was ihr benötigt, aus dem Erdgedächtnis ab.

Wir sind immer mit euch verbunden, wenn ihr es zulasst und eure Schwingung hochhaltet. Herzlichst, stellvertretend für alle hier, Fee Linde. Gott zum Gruß!"

Räucherungen zur Heilung und Reinigung von Körper, Geist, Seele und Wohnort

Auf vielfachen Wunsch möchte ich euch meine/unsere Räuchermischungen einmal näherbringen, da sie viel Gutes bewirken können und oftmals Blockaden und Probleme lösen helfen.

Meine beiden Lieblingsräucherungen kommen zuerst dran:

Beifuß: Es ist eines der ältesten Kräutermischungen zum Räuchern, soviel ich weiß. Also: Zur Winter- und Sommersonnenwende, zwei der energetisch stärksten Tage des Jahres eignet sich Beifuß wunderbar zum Räuchern. Die alten Kelten und Germanen warfen es z.B. gleich büschelweise ins Mittsommernachtsfeuer, um damit alles Böse und Übel loszuwerden. Im Haus geräuchert vertreibt es alles Ungute! Es heißt, es unterstütze die Hellsichtigkeit... Ich denke, dass das nur dann zutrifft, wenn Gottvater es auch möchte. Oftmals möchte man Dinge, die gar nicht gut oder gewollt sind. Reinigt und räuchert einfach mal mit Beifuß und wenn dann etwas Wundervolles passiert, freut euch einfach. Aber erzwingt bitte nichts!

Weihrauch: Ich gehe in Kirchen nur dann, wenn ich sie mir ansehen möchte und sie schön leer sind. Aber aus meiner Jugend weiß ich noch, wie sehr ich den Weihrauch liebevoll eingeatmet hatte zu Weihnachten, wenn wir als Kinder in die Kirche gehen mussten, da Heiligabend die Eltern den Weihnachtsbaum vorbereiteten. Weihrauch schützt sehr gut, bringt Glück ins Haus, unterstützt geistige Visionen, ist quasi ein Vermittler zwischen der weltlichen und der geistigen Welt und was ich am allerschönsten finde: Man spürt dann die Liebe und den Segen des Vaters!

Drachenblut: Ja, dieses Pulver ist schwierig zu bekommen. Aber als Spray oder in Saftform ist es eines der stärksten Heilmittel! Drachenblutsaft heilt, so heißt es bei den indigenen Völkern, alle Krankheiten – auch seelischer Art! Als ich auf den Kanaren lebte, sah ich täglich Drachenbäume und liebte sie ihrer Schönheit wegen! Damals wusste ich aber noch nichts von ihrer wunderbaren Heilwirkung. Wie gesagt: Drachenblutpulver geräuchert neutralisiert negative Energien, baut Schutz auf und gibt Harmonie frei. Aber es sollte nie alleine geräuchert werden, da es einen dunklen Rauch entwickelt. Ideal ist es, dem Weihrauch oder dem Sandelholz oder der Nelke eine Prise Drachenblutpulver beizumengen. Als Drachenblutsaft sollte es in keiner Notfallapotheke fehlen, da es auch Wunden sofort desinfiziert und der Heilungsprozess starten kann.

Sandelholz: Liebe ich auch sehr! Ist oft in Räucher-stäbchen zu bekommen. Es hat eine reinigende Funktion und wirkt krampf- und blockadenlösend in vielen Fällen.

Wermut: Dieses ist eine Möglichkeit, seine Schwingung wieder in den originalen Zustand zu bekommen. Der Kopf wird frei. Man benutzt es auch für den Schutz von Körper, Geist, Seele und Heim. Es kann zu Erleuchtungserscheinungen kommen, wenn es von der geistigen Welt zugelassen wird.

Alant: Die Alantwurzel ist auch so eine starke Kraftwurzel. Am Sonntag haben wir Alantableger für den Garten bekommen. Ich habe mich sehr gefreut! Zur Sommersonnenwende gibt man es seit Urzeiten mit ins Feuer. Es vertreibt trübe Gedanken, hellt den Geist auf und vertreibt alles Negative.

Kamille: Ist ganz praktisch zum Räuchern. Im Notfall nimmt man einen oder zwei Teebeutel und verräuchert diese. Kamille sorgt für gute Laune und soll Glück und Segen ins Leben bringen. Ich liebe sie auch sehr!

Engelwurz oder Angelika: So heißen nicht nur einige Freundinnen von uns, sondern es ist auch eine starke Heilpflanze, die verräuchert einen guten Schutz gegen alles Negative aufbaut. Sie hilft gesund zu werden und wenn mit Angelika geräuchert wird, kann man gut alte Rituale, Flüche, Banne usw. aus Vorzeiten über das innige Gebet zum Vater lösen.

Mammutbaum: Wir haben das Glück, dass wir wissen, wo ein großer Mammutbaum steht und jedes Jahr verliert er etwas

Baumrinde und uns wurde erlaubt, diese aufzusammeln. Sie ist ein starkes Mittel bei krebskranken Menschen, fördert deren Selbstheilungs-kräfte und baut einen Schutz auf. Verräuchert legt sich eine Art Panzerschutz der lichtvollen Art um alles, was mit dem Rauch in Berührung kommt.

Salbei: Ist auch überall zu kaufen und hilft beim Verräuchern die Aura zu reinigen, das Haus zu klären, gute Laune zu produzieren und einfach alles positiv zu sehen.

Tannennadeln/zweige: Kennt wahrscheinlich jeder von euch aus der Jugend. Wenn ihr Tannenzweige ins Feuer gebt, brennt es schnell und qualmt sehr stark. Das Harz aber hat eine reinigende Wirkung. Ich hab mich als Bub immer gerne in den Qualm gedreht, wenn Tannen-zweige im Lagefeuer zu Ostern brannten. Dass ich hinterher Schimpfe bekam, weil ich so nach „Feuer stank", hab ich dann in Kauf genommen. Es hilft auch alles zu reinigen.

Eiche: Die Eichenrinde liebe ich auch total! Die alten Germanen hatten schon vor der starken Reinigungskraft der Eiche gewusst! Er hält alles Negative von einem fern und befreit von negativen Einflüssen und Energien!

Linde: Ja, liebe Fee Linde, auch dein Baum hat die Kraft, durchs Räuchern Frieden und Heilung der Seele oder der Gemüter zu bewerkstelligen. Die Linde ist ein besonderer Baum!

Zimt mit Sternanis: Hilft inneren Frieden zu erlangen, alte Blockaden und Muster loszulassen, Ängste aufzulösen.

Brennnessel: Wurde früher oft zum Schutz vom Heim genommen, wenn es draußen blitzte und donnerte. Es baut einen wunderbaren Schutzmantel auf, man fühlt sich liebevoll geborgen.

Mistel: Die Druidenpflanze schlechthin! Hilft negative Schwingungen umzuwandeln. Es können positive Träume danach entstehen, Schutz vor negativen Dingen und Angriffen! Ein Mistelzweig über dem Hauseingang bringt Glück und Schutz!

Wie könnt ihr jetzt das Räuchern für Survival und auch für schlechte Zeiten positiv nutzen?

Nun, das ist ganz einfach! Sollte durch Einflüsse verschiedenster Art, euer fester Glauben ins Wanken geraten, so räuchert einfach mal euer Heim aus. Das vertreibt düstere Gedanken!

Ebenso sollte man nach einem Streit räuchern oder auch nach negativen Nachrichten im Fernsehen, Radio, Internet oder Lesen eines Buches, wenn ihr merkt, dass es euch hinunterzieht.

Was glaubt ihr, wie wichtig regelmäßige Räucherung in Arztpraxen, Ämtern oder Krankenhäusern wäre? Viel weniger Kranke oder seelisch deprimierte Menschen!

Solltet ihr offenes Feuer (z.B. Lagerfeuer) machen können, gebt Heilkräuter hinein und ihr reinigt euch und die Umwelt. Mutter Erde bekommt jede Räucherung positiv mit! Seid euch darüber im Klaren! Das ist ganz, ganz wichtig!

Wie gesagt: HEILUNG GESCHIEHT JETZT! (überall wo Gottvater es erlaubt!)

HEILUNG FÜR UNSERE GELIEBTE ERDE GESCHIEHT JETZT!

AMEN! AMEN! AMEN!

Hilfe mit/durch den Orgonstrahler:

Ja, wie versprochen kommt jetzt, wo wir uns dem Ende des Buches nähern, ein Kapitel über den Orgonstrahler. Das Wort Orgon stammt von Wilhelm Reich. Ich habe geistig eine Hilfe bekommen und so konnte ich einen Orgonstrahler komplett aus Holz bauen.

Wer Interesse daran hat, kann ihn über unsere E-Mail (am Ende des Buches) bestellen.

Es gibt ja viele Anbieter von Orgonstrahlern und eines haben sie alle gemeinsam: Sie senden nur positive Energien aus!

Meinen Orgonstrahler „Maria" habe ich Mutter Maria gewidmet und sie unterstützt die Energiesendungen auch positiv mit ihrer Energie. Dadurch kommt eine weibliche Energie mit hinein. Jedem meiner Orgonstrahler ist ein Engel zugeordnet. Das heißt, wenn ihr damit arbeitet, ist ein Engel immer an eurer Seite, der mit euch Orgonenergien liebevoll verteilt.

Da das hier ein spirituelles Survivalbuch ist, möchte ich euch Tipps zum Arbeiten mit dem Orgonstrahler geben, die woanders vielleicht nicht stehen.

Urintherapie: Wer hat schon immer Lust, seinen eigenen Urin zu trinken? Nun, mit dem Orgonstrahler „Maria" ist das denkbar einfach, seinen eigenen Urin sich einzustrahlen. Wir nehmen ein Glas und fangen den Mittelstrahl des Urins auf. Dann stellen wir das Glas auf den Holzboden des Orgonstrahlers und strahlen uns die positiven Energien des Urins ein. Kann täglich gemacht werden. Ich denke aber, wöchentlich reicht. Ihr könnt auch Urin direkt auf eine kranke Stelle geben und dann mit dem Orgonstrahler ein Foto von euch bestrahlen. Bei meinem Orgonstrahler könnt ihr ihm sagen, was ihr möchtet und er strahlt es euch ein, da ja ein Engel, wie gesagt, mit euch arbeitet, der genau das einstrahlt, was ihr braucht/möchtet.

Unsere geliebte Erde braucht nicht nur Heilung, sondern auch Licht! Ich habe folgendes Experiment gemacht: Ich habe meine Wetterkerze angezündet und Mutter Maria und den Heiligen Geist gebeten, Licht symbolisch über die Erde fließen zu lassen. Hat wunderbar geklappt! Der Orgonstrahler war auf einen Atlas mit einer Weltkarte gerichtet.

Wollt ihr euch bestimmte Nahrungsergänzungsmittel , Vitamine oder andere gesunde Dinge energetisch einstrahlen, geht es mit meinem Strahler so: Ich richte ihn mit der Spitze auf meinen Körper und sage dann: „Ich bitte um Einstrahlung der höchsten Essenz und Energie, die Gottvater erlaubt von: allen Mineralien, Vitaminen, die es gibt, allen

Spurenelementen, reine Spirulinaenergie, reiner Drachenblutsaft, reinstes Clinoptilolit Zeolith."

Das war nur ein Beispiel. Man kann sich alles einstrahlen, was erlaubt ist. In Krisenzeiten meines Erachtens nach unverzichtbar! Wollt ihr einer anderen Person Energie einstrahlen, benötigt ihr von der Person die Erlaubnis. Nur „Licht und Liebe" dürft ihr pauschal wünschen und verbreiten.

Mein universelles Gebet lautet wie folgt:

„Ich sende jetzt in VATERS Namen sein Licht, seine Liebe, seine göttliche Gerechtigkeit und seine Heilkraft hinaus in die Welt, damit sie überall dorthin fließen, wo der VATER es möchte. So ist es und so sei es. Amen."

Könnt ihr gerne ausprobieren. Es klappt wunderbar!

Habt ihr jetzt die Erlaubnis, einem anderen Menschen via Orgonstrahler positive Energien zu senden, so gibt es da auch wieder verschiedene Möglichkeiten: Ihr bestrahlt ein Foto der Person oder einen Zettel, auf dem der Name und das Geburtsdatum der Person steht. Ihr könnt in die Halterungen auf dem Orgonstrahler auch kleine Zettelchen gerollt stecken, auf dem der einzustrahlende Wunsch steht und dann dauerhaft die Person bestrahlen. Bis zu 12 Zettel kann man so einstecken und bestrahlen. Beispiel: „Heilung von Knochenbrüchen", „Immunsystem verstärken", „Sonne im Herzen", „Gedächtnisoptimierung", „tiefer, gesunder Schlaf",

„Konzentrationsfähigkeit erhöhen", „Gelassenheit",
„loslassen lernen" usw. um nur ein paar Beispiele zu geben.

Selbstverständlich könnt ihr auch euer Wasser bestrahlen und
positive Energien hineingeben. Die positiven Energien im
Wasser zeigen sich anhand von kleinen Luftperlen.

Mit der Rückseite des Orgonstrahlers kann man Dinge
herausziehen und umwandeln, wie z.B. Blockaden.

Wenn ihr kranke Pflanzen oder Tiere habt, dürft ihr sofort
„live" bestrahlen oder es über ein Foto machen. Ich habe
auch schon ganze Landstriche per Orgonstrahler im Atlas
bestrahlt und Gottvater gebeten, dass überall dort, wo
Heilungsenergien fließen dürfen, es jetzt geschieht!

Vieles andere ist möglich. Es gibt ein Anwenderbuch für
meinen Orgonstrahler „Maria".

Meine Bücher sind bei **www.bod.de** erschienen.

Einfach meinen Namen: **JOHANNES ALLGÄUER** eingeben.

Meine E-Mail-Adresse ist: **friede-auf-erden@gmx.de**

Über diese E-Mail-Adresse könnt ihr den Orgonstrahler
„Maria" zum Preis von 200 Euro mit zwei zusätzlichen
Handelektroden und 10 Transmittern zum Einstrahlen von
feinstofflichen Energien (wie z.B. „tiefer gesunder Schlaf",
„Selbstvertrauen aufbauen", „inneren Frieden schaffen", „alle
Schüßler Salze", „Herzensenergien erhöhen") bei mir
bestellen - In Deutschland versandkostenfrei.

Seid fest im Glauben an den VATER und seine niemals endende Liebe zu Euch, geliebte Kinder!

Euer unermüdlicher Einsatz hier auf Erden wird eine fürstliche Belohnung zur Folge haben, denn das ist auch ein fester Bestandteil des Resonanzgesetzes, welches automatisch durch die Erschaffung des freien Willens entstanden ist.

So freuet euch mit Gottvater und den Engeln, dass ihr täglich voller Freude in freiwilliger Hilfe so viel Gutes leistet, um dem Bollwerk der anderen Seite Paroli zu bieten, damit das Licht des VATERS immer mehr der dunklen Energien auf Erden ausleuchtet.

Es war noch niemals so spannend wie heutzutage auf unserer geliebten Erde zu leben!

Denkt immer daran: **JESUS CHRISTUS IST DER SIEGER!**

So ist es und so sei es! Amen! Amen! Amen!

Herzlichst, Euer Johannes